異域英雄

尹載福・著

寫在《異域英雄》之前

我們在與世隔絕之中緬邊境的蠻荒原始森林裡，為了一個理想——報效國家民族，不計名利，奉獻自己的青春！為了完成台灣方面交付的任務——突擊大陸邊境共軍，我們拋頭顱、灑熱血！我們明白自己所執行的是一項不可能的任務，也知道敵我兵力懸殊。我們清楚自己面對的是九死一生的戰鬥，也了解其結果將無異於以卵擊石，但我們仍一次又一次、一波又一波地前仆後繼不惜犧牲！

我在西盟軍區擔任教導團團長期間，帶領著無數忠誠勇敢的游擊戰士，縱橫在金三角崇山峻嶺，出沒在充滿瘴氣、毒蛇、猛獸的原始森林。我們餐風露宿，以血以淚，在苦不堪言的惡劣環境中戰爭求生存。我們既要面對以逸待勞、比我們強大百倍千倍的中共正規軍，還要應付緬政府軍、緬共。那時，我們的全部生活內容就是戰鬥，三天一小戰，十天一大戰，可以說，無時無刻不在備戰狀態當中。最悲哀的是，我們不但缺乏兵源及種種後援，武器彈藥裝備更是品質低劣、殘破不堪。子彈打完了，怎麼辦？只好肉身相搏，拳腳齊來。戰況不利時又如何？無妨，化整為零轉進，俟機再出擊！

我已經數不清，究竟有多少滿腔熱血的優秀戰友弟兄們壯烈犧牲了。他們血灑異域，曝骨荒野；在戰鬥中，我們甚至連將他們的遺體埋入黃土的時間都沒有。唉，那些犧牲的壯士們，和我們一樣，都是有父有母的中華兒女呀！

回到台灣之後，我曾經到台北忠烈祠參拜。誰知，在那裡只見到小部分官兵設有牌位，而許許多多為國捐軀的戰士，不但沒有牌位，連個兵籍號碼也沒有！我不禁心裡思忖著：他們的鮮血是不是白流了？他們的生命是不是白白犧牲了？

寫到這裡，我激動得熱淚盈眶。我不願也不忍再一次描述我們當時所經歷的慘烈戰爭，讀者若想了解當時的詳情，可參閱我在《異域英雄》的報導。

時代及大環境不斷在變化，如今已是兩岸經濟熱絡交流的時代。過去是：漢賊不兩立，軍民誓死反攻大陸；如今卻是：台灣某些高層及當權人士爭先恐後地趕赴大陸，參加什麼經貿交流、文化交流，甚至以能有機會與中共領導層餐敘及被什麼高規格接待為榮。我們沒有理由，也沒有資格，批評甚至杯葛上述的歷史弔詭現象，無論是反共，或是親共。

兩岸人民本來就是血濃於水的炎黃子孫，同屬於大中華民族，我們實在沒有本錢，也沒有理由，讓中國人再打中國人，同胞相殘。此外，我們也衷心地希望，兩岸能出現有大智慧、明大是非的優秀領導群，讓中華民族永遠地團結在一起，共同為中華兒女子孫後代的幸福康樂奮鬥。

我深深地體會到，也許我們在金三角的血與淚是白流了。如今我寫《異域英雄》這本書，主要是想將之作為借鏡，使讀者有機會從這段兩黨鬥爭的史實中，想想歷史留給我們的教訓。

甚願國共不再你死我活地鬥爭，炎黃子孫不再自相殘殺，中國人永遠不再打中國人，過去的歷史悲劇不再重演！

後來，我變成了異域棄卒；又後來，回到了台灣。雖然，我感悟到，自己只不過是被國府某些錯誤決策者所操弄的一顆棋子，我卻仍然執著地懷著一份鬥志；雖然有所謂：「兔死狐悲，物傷其類。」我的眾多兄弟們是犧牲了，我卻不想因悲哀而不思振作。

聽說，我們這些被棄如敝屣的戰士中，少數人自行回台後，似乎過著窮困潦倒的生活，這真是讓人感嘆命運作弄人啊！雖說如此，我們仍然有理由驕傲地以我們過去不計名利為國家拋頭顱、灑熱血的大半生為榮。

我回到台灣以後，雖然青春體力已消磨殆盡，卻決心將過去的一切拋諸腦後，盡力為前頭的生活而奮鬥。我不怕吃苦，也不怕辛勞，什麼工作我都肯幹。我打過零工，開過計程車，也做過生意。當我略有小成時，曾天真熱誠地希望為民喉舌，愚蠢地去參選了台灣第六屆立法委員。然而，在這唯利是圖的社會，我評估錯了，我沒有雄厚的經濟基礎，我要做乾淨的選舉，我自然失敗了。最後，我為選戰幾乎陷入了不可自拔的困境，想為弱勢、為兩千三百萬同胞謀福利的夢也碎了。

立法委員競選失利後，我痛定思痛地遠赴大陸找尋商機。我在大陸先後奮鬥了大約五年，憧憬著能夠在經濟上東山再起。我在大陸幾乎走遍了大西北、大西南，也參訪過繁華的廣州和上海。我在北京前後待了五年，深深感受到中國實在進步了，經濟起飛了，有錢人變多了，這都應該歸功於大陸改革開放提振經濟的政策。對照之下，台灣少部分別有用心、貪污腐敗的領導群，讓台灣幾乎空轉了二十年，貧富懸殊越來越大，優勢不在，多麼可惜呀！無可否認，大陸很多地方已超越我們，這是台灣人的悲哀，也是大陸的驕傲！

我在大陸曾經跑到偏遠的山區，落後的地方。我看見那些靠天吃飯、靠勞力餬口的貧民時，心中實在感到同情。他們當中，有些父母甚至連讓小孩上學都感到力不從心呢，真的十分可憐。當我看到這個現象，我立了一個心願，希望自己在大陸經營有成時，有能力幫助他們。我發願，能夠在貧苦的地方出資興辦一些希望小學。此外，大陸的醫療也不夠完善，很多貧困的人幾乎看不起病。我因此也想到：如果有能力，我要結合有志之士在大陸開辦照顧貧民的醫院；再有多餘的能力，我還想開辦孤兒院、老人院。

我的心願也就是想要：「老吾老，以及人之老；幼吾幼，以及人之幼。」我一心想要照顧老弱孤兒貧民，最後卻因資金短缺而事與願違。因為，我沒辦法無中生有，沒能募到足夠的錢，而我自己也不是懂得以小搏大的優秀商人。就這樣，我在大陸奮鬥五年之後，不得不噙著遺憾的眼淚回台灣。唉，我立志在大陸發展實現我濟弱濟扶貧的夢又碎了！

啊，這一切真是造化弄人，我只有空自唏噓嘆息罷了。如今我已垂垂步入老年，一切好夢成空，我此生似乎註定才不能展，志不能伸了！奈何?!

二〇〇九年八月二十日初稿於新店安康麥當勞

序文　走過驚濤駭浪

情報局前中將副局長　翁衍慶

尹載福先生，一位我敬佩的前滇緬邊區孤軍反共游擊英雄。他最近完成一部巨著《異域英雄》一書，囑我寫序，我拜讀之後，深受感動，欣然接受。

我和尹先生是最近七、八年才有交往，但是我知道他這個人已是三十多年前的事。一九七〇年時，我只是一個低階年輕軍官，奉派自台赴滇緬邊區工作。那時，國軍在滇緬邊境駐有一支游擊隊，總部設在泰緬邊界，下轄四個大隊。尹先生時任第三大隊的一個中隊長，我到達滇邊後，就聽說了這一號人物。

當時他聲名顯赫，尹先生二十歲時就投筆從戎，參加了當時滇緬邊區的西盟軍區，三十歲不到就擔任了西盟軍區的獨立教導團團長。後來西盟軍區受國防部情報局納編為滇西行動縱隊、光武部隊第三大隊，尹先生也屈就了一個中隊長。

大約在一九七二年初，他因不同意其直屬長官大隊長馬俊國將軍意圖剋扣官兵薪餉，從事販毒勾當，毅然率領其中隊脫離第三大隊建制，將部隊交給了第一大隊後，瀟灑離去，未擁兵自重，更令人欽佩不已。

讀者諸君一定會奇怪：國軍軍紀嚴明，何以會有部隊長圖謀剋扣軍餉、從事販毒不法行為？並有擅自率領部隊脫離指揮體系情事發生，而未以軍法嚴懲？那是因當時滇邊國軍游擊隊時空環境特殊，政府法令力有未逮所致，而且馬部終究是一支反共游擊部隊，曾多次執行突擊任務，對國家有所貢獻，對該部的一些違法行動也無可奈何。尹先生對於馬俊國之販毒意圖有違他們投筆從戎、報效國家民族初衷，故義憤率隊反抗馬之不當決策。由於尹先生之率隊脫離馬部，也成功阻止了馬俊國企圖扣餉販毒勾當。而他脫離馬部後，未擁兵自重，遵照情報局命令將部隊完整交給了第一大隊，同時請辭而去，證明其非背叛國家。他的舉動正是一種忠於國家的英雄作為，也由於他的行動，成功阻嚇了馬背叛國家走私販毒，進而使馬覺醒而同意總部派遣情報幹部進入該部，建立工作站，促成光武部隊建立了統一指揮系統。

一九七五年，光武部隊裁撤，許多人感到惋惜。特別是一些為反共救國加入光武部隊的華僑子弟和大陸外逃知青，想到從此報國無門，甚至生活無著落而痛哭失聲。

尹先生是一個血性漢子，幼時親歷動亂及迫害，長大成人後，懷著國仇家恨投筆從戎、憑著不怕死的精神及卓越的智慧與領導能力，加上積極進取精神，在游擊隊中快速爬升，三十歲不到就成為獨當一方的教導團團長，領軍作戰均能身先士卒、屢克強敵，如果他在國軍正規部隊發展，前途絕對無可限量；可惜他所屬的游擊隊，司令官瑣隊心態嚴重，阻礙了他的發展，最後為示清白，失望地黯然求去，國家失去了一個優秀幹部，怎不令人扼腕！所幸尹先生是個有才幹的人，而且越挫越勇，離開部隊以後，回到緬甸仰光定居經商有成，活躍於僑界，深受當地華僑愛戴，成為自由僑界之領袖。

一九八八年八月，緬甸發生學生和僧侶暴動，軍政府尼溫下令槍殺示威群眾，關閉學校；接著宣布廢除百元大鈔，緬甸人民財產一夜之間變成一無所有。尹先生同遭嚴重損失，他的五個孩子也面臨失學，當下他立即決定，以自由僑團領導人的身分，申請來台定居。

當時尹先生已是近五十歲的壯年人，為了謀生，他放下身段，從藍領工人做起，逐步在台灣站起來，並由經商步入小康。他事業有成後，仍不忘救國救民，因極度不滿當時執政者漠視蒼生、貪婪自私，他決心要為民喉舌，遂於二〇〇四年以無黨籍身份參加台灣第六屆區域立法委員選舉，但不幸失利，在沉潛五年後，轉到大陸經商發展。

二〇〇八年五月二十四日，尹先生為實現他關注民生、促成中國和平統一的理想抱負，他和一群資深國民黨黨員在台北國軍英雄館，發起成立中華民生黨並被選為創黨主席。他仍保持一顆赤子之心，熱愛中華民族，關心他曾經付出鮮血、熱淚、汗水的台灣，足證他壯志未酬、雄心未滅。

尹先生與我都出生於抗戰勝利前之亂世，又在國共鬥爭中成長，青壯年時都為國家付出了一生最菁華的歲月，我們能在滇邊動亂中倖存下來並目睹兩岸情勢的緩和，穩步走向和平共存共發展。回憶過去在國共鬥爭與戰爭中，雙方犧牲了數百萬骨肉同胞的生命，但願藉由尹先生的紀實報導，我們不但瞭解了他個人可歌可泣、曲折精彩的一生，也可瞭解金三角游擊隊的浴血奮戰史實，更希望看了他的巨著後，喚醒兩岸領導人，多為兩岸人民的生命福祉設想，大陸放棄以武力統一台灣，台灣獨派人士不再挑起兩岸對立，雙方共同努力為創造一個永遠共存共榮、中國人永遠不打中國人的和平發展局面，則國家幸甚！民族幸甚！

序文　回首西盟風雲

國立陽明大學副教授　馮長風

民國五十年代國共對峙時期，一批約二百名愛國的熱血青年，被國軍在緬北籌組的西盟軍區所吸收，名為「回國升學」，實際上卻懵懵懂懂地被騙踏上了參加異域軍團的不歸路，肩負多次對滇境共軍的武裝突襲任務。這種以卵擊石的行動猶如小蝦米對抗大鯨魚，後果早在預料之中，因此大多數的熱血青年皆走入了「朝行出攻，暮不夜歸」的行列，不是曝屍荒野就是魂魄無依地埋葬於蠻荒的叢林之中。當部隊被裁撤之後，這批熱血青年就如用過的衛生紙被沖入馬桶，消失得無影無蹤。

這批熱血青年皆是緬北華僑子弟中的菁英分子，由學長尹載福先生率領著從事各種危險又無未來的艱鉅任務。真是造化弄人，誰也沒想到一心要回國讀書的菁英分子最後卻成了大時代的悲劇英雄，叫得出名字的如藺汝剛等學長有幸進了忠烈祠，其他叫不出名字的只好含淚投胎，重新做人，還好有尹學長將這一段史實集結成書，以慰忠魂。事實上活著的比死了的更痛苦，面對環境的生存壓力，在異國無身分證又無一技之長，一雙拿慣了槍桿子的手，還能拚出什麼偉大的事業？因作戰而受傷殘廢者，更是乏人照顧，只有令其自生自滅，淒涼晚景，令人浩嘆。

尹學長在校中課業優秀、才氣縱橫，他具有忠貞不二的愛國情操，又具有唐吉訶德式的騎士精神，綜觀他的一生，無論是從軍異域或競選立委，明知不可為而為之，依然率隊衝鋒陷陣，勇往直前，結局可想而知，不是落得遍體鱗傷，就是傾家蕩產，憑著這股堅忍不拔的勇氣為他帶來了一連串可歌可泣的感人事蹟。本人有幸能在他的大作《異域英雄》付梓之前率先拜讀，只能感嘆人生有夢，現實無情，特為之序。

序文　一部感性的孤軍英雄血淚史

前中央研究院　覃怡輝博士

民國八十二年七月十三日，尹載福先生以筆名「尹福」所寫的大作刊登在《中國時報》副刊上。由於內容是我所熟悉的「異域」故事，當時我只是順手把它剪下留存，不意兩年之後，我即受到異域歸國長官長輩們的付託，要我出來採訪編寫異域的真史，於是使我興起了訪問尹福先生的念頭。當時我曾寫了一封信請報社轉交給尹先生，不久之後即接到尹先生的電話。因為當時尹先生是以開計程車為業，時間即是金錢，我們未能長談，我也不敢要求多談，以後，我也不敢再打擾尹先生，我們就這樣斷了聯繫。

相隔了十六年之後，一直到今（民國一百）年二月十七日晚，因為我們同時到中壢市參加了「泰緬地區華裔難民權益促進會」喝春酒的聚會，我們才第一次見面和互相認識，而這個時候的尹先生早就已不再是計程車司機，而是中華民生黨的主席和旭豐國際事業開發集團的總裁了。由於尹先生已看過拙作《金三角國軍血淚史》，所以尹先生在聚會中曾私下告訴我，他也正在準備出版一本關於金三角孤軍的書，希望我能為他的大著寫一篇小序，以做紀念，我因與尹先生已神交多年，故欣然答應。

數日之前，尹先生專程將其大著之樣書送到舍下，並告訴我書之版面已製好，只等我的小序完成，即可付印。我以最快的速度閱畢全書，我的第一個總印象就是：尹著真是尹先生及其戰友們的一部血淚史，我們的情報局真是對不起那一群至今仍留在緬甸的從軍僑生。如果這個訴求就是尹先生大著的目的，那麼尹先生的努力無疑是十分成功的。我的第二個總印象是：拙作和尹著是兩種不同類型的書，因為拙作所寫的內容故事幾乎完全不是我個人所經歷，都是我道聽途說或是閱看別人的文字紀錄而來，我的工作就是運用我的理性和理智去考證和判斷孰真孰假，然後把我所認為的真相書寫下來，成文成書；而尹著所寫的內容，除了少量的背景說明之外，所寫幾乎都是尹先生及其戰友的親身經歷，所以他的書是用他的情感和血淚，把他整個的人生故事寫下來的；所以閱讀拙作和尹著，會有完全不同的感受。我的第三個總印象是：拙作所寫的內容是孤軍在金三角整個時期的歷史，範圍很大，所以三個時期、各部分的歷史都不能寫得很仔細，只能寫出其輪廓和大概；而尹著因為是寫其個人的親身經歷，可以看需要而寫到最詳細的地步；所以，以欣賞畫作來比喻，看拙作如看素描或文人畫，而看尹著則有如看照相或工筆畫。讀者如能本著正確的態度閱讀拙作和尹著，相信都能開卷而獲益。

覃怡輝　民國一百年四月十四日

自序　顛沛流離・時代的悲歌

每一個歷史巨浪裡小人物的故事，都具有時代的記憶和教訓；每一個平凡人的悲歡離合、死生契闊，都帶有震撼社會人心的動力。我衷心地冀望我們的血淚故事及心路歷程，能讓兩岸同胞有所警惕，不要讓中國人打中國人的歷史悲劇再重演。

我生長在一個悲劇的時代，國共鬥爭的歷史洪流，把我們捲進金三角的國共末代戰爭的烽火裡，我們這些游擊戰士不計名利、無怨無悔地為國家獻出了青春、鮮血及生命。

國立台灣師範大學國文系博士班指導教授莊耀郎曾寫信鼓勵我：

尹壯士，容許我這樣稱呼你，在這沒有英雄的時代，你是真正的英雄！拜讀你的大作，字字血淚，對你在異域領導反共健兒拋頭顱、灑熱血的英勇事蹟，無限敬佩……

前外交部長胡志強先生也來函：

載福先進同志，你好！二月一日所附剪報敬悉，先進半生倥偬，顛沛流離，浴血異域，戰功彪炳，滇緬孤軍之英雄事蹟，誠屬反共戰史上光輝的一頁！志強實深敬重與敬佩！

我不是什麼英雄，但我和一群真正的英雄並肩對敵、生死與共的奮戰過。我們的戰功微不足道，我們的戰史也談不上光輝，但我們熱愛國家民族、冒險犯難的犧牲精神，絕不亞於黃花崗烈士。然而我們多年蠻荒的血戰，只看到有人棄屍異國溝壑、曝骨荒野，有人傷殘，哀號淒絕……最後卻是真心換絕情，被當局一個荒謬的決策遺棄，淪為異域棄卒。我們得不到國家社會的絲毫關懷與照顧，我們為國家而來，也為國家而去，

可以說，當局對我們真是「飛鳥盡，良弓藏；狡兔死，走狗烹」，棄之如敝屣。我們多年的犧牲奮戰，變成了不知為何而戰？為誰而戰？我們愚蠢無知地變成了國共戰爭中的羔羊祭品。我們失落唏噓、慨嘆，我們無奈地吶喊，最後我們的悲壯史實，卻早被既得利益的當權者和現實冷漠的國家社會所遺忘。

我不是作家，我是社會邊緣人，弱勢中的弱勢，我沒有任何資源去向有關單位蒐集資訊，也沒有任何資格及能力去訪談相關人員，我只能盡心盡力地把我所經歷的往事理性、忠實地記錄下來。

自一九四九年蔣介石退守台灣，國共內戰表面雖暫告停息，但一場既愚昧又殘酷的中國人打中國人的歷史悲劇仍在滇緬上演，直到一九七五年五月光武部隊解散為止。國共內戰時，雙

方陣亡傷殘數以百萬計，這真是中華民族的悲哀，我唯一的希望是這場歷史悲劇永遠不要再重演，更盼望國共兩黨在內戰中犧牲的軍人忠魂，得到永恆的安息！

▶一大隊突擊部隊返回基地

目次

寫在《異域英雄》之前 003
序文　走過驚濤駭浪 007
序文　回首西盟風雲 011
序文　一部感性的孤軍英雄血淚史 013
自序　顛沛流離・時代的悲歌 015

第一部　異域之歷史背景・我所知道的孤軍真相

雲南省主席盧漢投共 027
復興部隊之成立 032
雲南人民反共救國軍之成立 035
雲南人民反共志願軍之形成 042
孤軍三國局面的形成 044
馬俊國部隊的簡史 048
我在西盟軍區的最後時期 052

東南亞最大的雲南會館 059
CIA&KGB對我的召募 061

第二部 我逃往緬甸的經歷

雲南邊境．生命的源流 069
清算鬥爭悲歌．公審地主惡霸 072
自由新國界．痛失父親 079
少年十五、二十時——求學成長的軌跡 085
我能為國家做什麼？ 090
踏上異域軍團的不歸路 095
我出任及退出教導團的始末 098

第三部 我在台灣的點點滴滴
被國民黨推薦參選不分區立委 111
自行參選二〇〇四年立委的始末 115
組織中華民生黨 121

第四部 遠赴大陸再創事業第二春
前進大陸．東山再起 129
除夕．孤獨漂泊在北京 131

第五部 半生感懷
我與柏老相遇的故事 141
濃濃原鄉情 144
此情難追憶 149

海峽兩岸政府應合作撫慰在緬甸抗日國軍烈士亡魂！ 152
成仁取義 155
感恩吾妻雙鳳 158
異域英雄 171
附錄　異域棄卒 185

第一部　異域之歷史背景．我所知道的孤軍真相

從滇邊金三角的游擊史，讓我深深地感受到，歷史上國共鬥爭殺戮的悲劇不能再發生。中國人已沒有打中國人的本錢，所有的炎黃子孫，全世界的華人及兩岸的菁英和領導人，只要是我們中華民族龍的傳人，我們一定要把以往的歷史悲劇作為借鏡，我們要重視血濃於水的同胞之情，我們要共同為中華兒女後代子孫謀取幸福。

雲南省主席盧漢投共

抗日戰爭勝利後，蔣介石對獨霸一方，有「雲南王」之稱的雲南省主席龍雲有所不滿，於是龍雲被中央解職，雲南省主席先由李宗黃代理，之後由盧漢正式接任。

一九四八年，龍雲由南京跑到了香港，雲南局勢也發生了極大的動盪。龍雲和盧漢本親如兄弟，自小就一塊長大，一塊打天下，他倆均就讀於雲南講武堂（雲南一所著名軍事學校）。畢業後同在時為雲南都督的唐繼堯旗下擔任下級軍官，後來脫穎而出，龍雲成了雲南五個軍長之一，並在盧的配合下，龍雲擊敗了其他幾位軍長。唐繼堯去世後，龍雲統治了雲南。但龍雲當了雲南省主席之後，似乎冷落了盧漢，兩人之間便產生了矛盾。抗戰爆發，龍雲、盧漢以第一集團軍總司令、副總司令率滇軍參加抗日，這時盧漢有機會接近中央，奠定了盧漢爾後擔任雲南省主席的基礎。

中央把龍雲調到南京軍事參議院擔任院長後，盧漢就順勢成為雲南省主席；這使龍雲大為光火，直指盧漢貪權忘義，賣主求榮。龍雲對盧漢的變心咬牙切齒，但也無可奈何。抗戰勝利後，龍雲至南京，盧漢至昆明兩人更為疏遠。

一九四八年，滇軍曾澤生和潘朔端兩師長投共，盧漢的叔父盧濬泉軍長被俘，雲南的資深將軍張沖也投靠中共。龍雲雖然跑到香港，但他的鄉土之情很濃厚，他想盡辦法回雲南去。雖然龍雲在抗戰時已經是滇黔綏靖主任，但中央政府令他回復原職的可能性不大，雲南軍民也不會擁護和歡迎他回滇，所以他唯一計策只有勾結共黨，藉共黨的力量回雲南。

盧漢自任雲南省主席後，他一方面要應付中央，一方面還有省內的治理問題，更要設法應付在香港的龍雲。他既不能公開反對龍雲，也不能靠攏龍雲，這使他寢食難安。這時國共戰爭情勢大變，共產黨似乎勝利在望，盧漢更是徬徨猶疑，逐漸迷失自己，再度萌生了投靠中共的想法。因此，盧漢對中共採取了曖昧放任政策，使得中共在雲南境內日益猖獗，昆明的左派分子和學生也為所欲為，招搖過市，報紙更是天天大肆批評國民政府。

那時，昆明幾乎變成了一座被中共赤化的城市。一九四九年元月，李宗仁和閻錫山已協議要撤換盧漢，派魯道源兵團進駐雲南，李彌第八軍也部署進駐雲南。盧漢在徬徨失措中只好飛到重慶，晉見蔣中正；他在重慶山洞中蔣的歇息室內見到蔣，才一見面他就痛哭流涕地向蔣表明心願。蔣在他的熱淚演出下慈祥地對盧漢說：「盧主席，我知道你很委屈，不要傷心，我會支持你。」

於是盧漢在矇騙蔣中正後回到昆明，宣布反共及拒絕龍雲，又在昆明發表了反共文告，查封親共報紙，逮捕親共人士。隨後李宗仁以代總統身分於一九四九年十一月到昆明訪問，盧漢態度冷淡。在李宗仁與盧漢長談中，李宗仁似乎缺乏足夠的說服力動搖盧漢來支持自己，盧漢反而從他口中知道了美國對中國問題的態度，同時也瞭解到反抗共軍的力量其實十分薄弱。

在李宗仁走後，盧漢的反共決心又動搖了，產生了出賣雲南的想法。盧漢要出賣雲南給共黨以換取自己的政治地位，他曾自我安慰說：「連傅作義、張治中都可以靠攏中共，我為什麼不能？」於是盧漢祕密派他手下的財政廳廳長林南園到香港和中共接觸，中共給了一紙「雲南起義通告」草稿並要他即時採取行動並協助共軍進入雲南。

一九四九年十二月九日下午，盧漢發出會議召集，通知中央派駐昆明的所有軍政情首長至盧漢官邸開會，這些人員包括：李彌（第八軍軍長）、余程萬（第二十六軍軍長）、李楚籓（憲兵副總司令）、童鶴齡（憲兵西南區參謀長）、沈延世（空軍第五路軍副司令）、沈醉（軍統局雲南站站長）、馬瑛（省府祕書長）、謝崇文等。待這些人員到齊後，盧漢便扣押了所有人員並押至省府大廳軟禁。盧漢扣押了這些軍政情首長後，並於晚上十時宣告投靠中共，並正式發布「雲南起義通告」（僅摘錄如下資料，來源為樊強《輝煌西南》，解放軍出版社，一九九五年版）：

北京中央人民政府毛主席、朱總司令、周總理、人民革命軍事委員會並請轉人民解放軍各野戰軍司令員、副司令員、各政委、全國各軍政委員會、各省市人民政府、各省市軍事管制委員會公鑑：人民解放，大義昭然，舉國夙已歸心，仁者終於無敵。抗戰八年，雲南民主思潮普遍三迤，革命原有歷史，響應何敢後人。不意勝利甫臨，國民黨反動派政府私心滔天，排除異己，遂發生雲南政變，且藉機將數萬健兒遠戍東北，地方民眾武裝剝奪殆盡，全省行政首腦形同傀儡，以特務暗探鉗制人民之思想，以警察憲兵監視人民之行動，誅求無饜，動輒得咎，官兵束手，積憤莫伸。父老則冤苦填膺，青年則鋌而走險，人民革命洪流，實已席捲地下，解放全滇，有如日月經天，江河行地，絕非任何反動勢力所能遏阻，只以壓力太大，不忍輕率從事，重苦人民。漢主持滇政，忽忽四載，效傀儡之登場，處孤孽之地位，操心危而慮患深，左支吾而右竭蹶，懍威脅之多端，實智窮而力拙，既負滇人，復負革命。年來居心行事，無不以雲南一千二百萬人民之禍福為前提。此中原委，不敢求諒於人，亦不敢求恕於我，若執行跡而罪我，雖百死而不辭。時機未至，不（得不）委屈忍耐，權為應付，時機已至，不惜任何犧牲，解放雲南。茲以堅決行動，盡應盡之義務，但求有利國家有利人民，爰自本日起，脫離國民黨反動政府，宣布雲南全境解放，並遵照毛主席、朱總司令所宣布之人民解放軍約法八章及第二野戰軍司令員劉伯承、政治委員鄧小平對川、黔、滇、康宣布之四項辦法，暫組織臨時軍政委員會，維持地方秩序，聽候中央人民政府命令。至於漢個人只求雲南解放之完成，即當引退而待罪。如有反動勢力為害鄉邦，漢當率三迤健兒負弩前驅，迎頭痛擊，完成人民解放大業。謹此宣言，諸維公鑑。盧漢率全體文武官員暨全省民眾叩。亥佳印。

盧漢扣押了李彌和余程萬後，兩軍變得群龍無首，於是中央在十日電令，第八軍副軍長曹天戈升兼第八軍軍長，第二十六軍副軍長彭佐熙升任軍長，在部隊指揮系統重建之後，中央命陸軍總司令部的參謀長湯堯，統一指揮雲南地區的第八、二十六軍部隊，並執行指揮反攻昆明的工作。

盧漢為化解攻城之壓力和暫緩昆明之危機，先後釋放了原先扣押的李彌和余程萬。但後來由於種種原因和共軍的強力壓迫，第二十六軍向元江以南轉進，第八軍則沿建水、石屏、元江向西轉進。

盧漢在正式投共後，雲南各地先後變色被解放，國民政府第二十六軍及第八軍遂在滇西被共軍大追剿。元江一役，中央所剩部隊幾乎全被殲滅，潰不成軍，倖存之第八軍七〇九團（由李國輝所率領）及第二十六軍二七八團（由譚忠所率領），官兵總共不到兩千人，逃亡緬甸。

復興部隊之成立

盧漢投共後，中共第十三兵團司令陳賡兵分三路正式進入雲南，這時國府所部第八軍及第二十六軍官兵人心惶惶，散的散，逃的逃。湯堯領導無方，中央也無力支援。一九五〇年一月十三日，中共十三軍第三十七師已進入雲南蒙自國府部隊的集結地區，蔣中正即下令二十六軍由蒙自機場撤回海南島，為此，湯堯、曹天戈等人緊張焦慮已極。共軍第三十七師接近蒙自後，立即攻擊蒙自機場，國府軍隊無力固守，一月十五日凌晨蒙自機場被中共占領。國府部隊亂了手腳，只有往滇邊撤離。在元江爭奪戰一役，湯堯司令和曹天戈被俘，在中共軍層層的包圍下，第八軍孫進賢師長抵抗無力只好投降，國軍兵敗如山倒。這時，第八軍、二十六軍逃的逃，散的散，俘的俘，亡的亡，只剩下二十六軍二七八團、第八軍七〇九團逃脫了共軍的追擊。其中最關鍵的第八軍七〇九團團長李國輝，也成為整個滇邊游擊部隊的靈魂人物。

李國輝，為第八軍七〇九團團長，河南人，寒微出身。二十歲入伍，身材中等精幹，性格執拗，目光炯炯。在第八軍與共軍長期戰鬥中鍛鍊出一身實戰本領及帶兵經驗。他帶著近千眾部隊，以急行軍方式躲過共軍追擊，進入緬甸邊境原始森林。

眾所周知，中緬邊界的原始森林屬於熱帶雨林，喬木遮天蔽日，瘴氣瀰漫，毒蛇猛獸出沒，毒蚊螞蝗遍地。所幸緬甸政府因政治混亂，國力薄弱，無力派兵駐守大部分邊境，這也讓李國輝部隊得以在這個原始森林中，暫時獲得了喘息的機會。

與七〇九團命運相同的是第二十六軍二七八團，副團長譚忠帶著八百餘名官兵也進入中緬邊境，後來兩股兵力結合後，加上由西雙版納逃出來的地霸武裝頭目約數百人，這三股力量在緬甸大其力邊的孟帕亞相會，正式成立了「復興部隊」，由李國輝任部隊指揮官兼二七八團團長。

「復興部隊」一成立後，李國輝就急切地發電報向台灣方面求援並請示。所得到的答覆卻是：「政府無能為力，請你們自謀出路。」復興部隊在絕望之餘，只好自求多福，開始在滇緬邊境打游擊。復興部隊全數約近二千人，設總部於小猛棒。李國輝清楚明白，在沒有政府援助的情形下，孤軍想要在當地生存，就必須與土著山民建立感情，謀取彼此間的合作。他於是令官兵著手墾荒，伐木蓋房，解決溫飽問題，同時組織一支馬幫運輸大隊，替金山角商人保鑣護運生財。

復興部隊成立之後，引起了緬甸方面的注意，雖然他們知道這批部隊是被共軍追擊後逃入緬甸的殘餘少數，但畢竟是侵占了他們的國土。復興部隊在一九五〇年四月下旬成立，潰敗撤退的疲憊官兵還來不及休養生息，就開始面臨緬軍的另一波攻擊，於是孤軍在異域金三角的作戰開始了。

緬軍一開始進攻時，復興部隊因武器破舊，自然節節敗退，大其力、小孟棒、孟果等駐地相繼失守，同時緬軍以三千名兵力把二七八團及七〇九團隔開。譚忠部隊被圍在孟研地區，李國輝部隊被緬軍趕得一路向西退卻。但李國輝的戰鬥經驗很豐富，他以一部分兵力吸引緬軍繼續向西追擊，一面把七〇九團主力悄悄帶進泰境，並且得到了愛國馬幫頭目馬守一的部分協助。有了馬幫的幫忙，他即率隊進入緬境側擊緬軍。這一突擊，緬軍萬萬料想不到，一舉就被李國輝打得潰不成軍，俘獲緬軍官兵六百餘人，奪得諸多輕重武器，並繼續支援譚忠戰勝緬軍。

復興部隊反擊勝利後，聲名大噪，這時東南亞緬、泰、寮各大報都報導，馬來西亞、香港等地報紙也大幅刊載，各地並派新聞記者入緬採訪報導，美台均因此而注意到這一支游擊隊。這時雲南邊境鎮康縣自衛大隊長李文煥也率隊二百餘人前來投靠，還有其他大陸逃出來的各股實力也均投靠了復興部隊，所以復興部隊迅速擴大，兵力很快增加到三千多人。

雲南人民反共救國軍之成立

一九五〇年三月七日中午，余程萬、李彌、丁中江（前雲南《平民日報》社長，因盧漢叛變而逃至香港）三位在香港虎豹花園見面。他們一面在人群中散步（為避免中共情報人員發現跟蹤），一面交談，丁中江把復興部隊的情況向余、李二人做了會報，主要是想說動余、李回到滇緬邊區金三角去領導這批孤軍從事反共鬥爭。當時中央早已發布李彌為雲南省主席、余程萬為雲南省綏靖公署主任。余是黃埔一期，李是黃埔四期，雖然兩位在軍界資歷大致相當，但自徐蚌會戰後，李彌軍團名滿天下。

李、余聽完丁中江的報告以後，余程萬表示想到美國軍校接受新知識，余說他是台山人，台山人在美國華府社會中有很大的力量，他建議分工合作，他去美國籌款。李彌將軍則豪氣如昔，一心一意想回到雲南打游擊，但李問丁經費方面台灣是否會支援，丁答目前是孤軍必須自力更生，必須自籌經費。李彌知道余程萬已沒有鬥志，只求自保，在這種心態下要余自己拿錢出來打游擊是不可能的，他只希望余把綏靖公署主任及二十六軍的指揮權讓出來，余當場答應了。李彌說，他太太現在由雲南逃到緬甸仰光，他盡其所有的資產有十萬美金，他打算拿出來作為開創經費。隨後他們透過雲南大老邱開基、陶鎔等來台向中央報備及請示一切，一面由丁中江透過關係與美中央情報局接洽，請求支援。

一九五〇年六月二十五日，「美國之音」廣播，北韓部隊越過了北緯三十八度線進攻南韓，於是韓戰爆發。六月二十八日，北韓人民軍占領了漢城（現在的首爾），美國方面雖然不接受台灣出兵，但希望台灣方面在雲南利用反共游擊隊進攻大陸以牽制中共。這時蔣中正在台灣也聽到了李國輝所率的復興部隊大勝緬軍，同時部隊日益壯大的消息。於是在七月十五日召見了李彌。蔣說：「韓戰爆發，美國駐日本的地面部隊已投入戰鬥，聯合國軍隊也正在組建，反擊勢在必然。如果共黨和蘇俄出兵韓國與聯合國軍隊對抗，勢必演變成第三次世界大戰，因此我們必須積極準備反攻大陸。聽說李國輝在滇緬金三角已組織復興部隊，緬北緊連大西南，地位非常重要，李國輝部隊需要支持，我們準備派人去找他們，參謀總部正與毛人鳳局長物色人選，由你寫一信函聯繫他們。」

這時李彌正中下懷，主動請纓，對蔣說：「校長，學生不才，願赴緬北，奉校長和參謀部之召令，督復興部隊官兵為黨國效力。」蔣回說：「你是最好人選，願意去最為理想，參謀總部也會選派人員襄助你，至於情報工作問題，毛局長會與你商議。到緬北之後，軍事和情報工作都受你的指揮和領導，復興部隊所屬經費、武器，由參謀總部全力支援解決。」

一九五〇年八月十四日，馬守一帶來了李彌的信，李國輝、譚忠雖然在這次金三角作戰挫敗了緬軍，但仍然擔心緬軍再增援派兵反撲，同時復興部隊在這次金三角戰鬥中也傷亡不少，彈藥也快耗盡，正在擔憂今後處境，得知中央派李彌老長官來支援，真是絕處逢生。一九五〇年八月十六日，李國輝、譚忠帶領百餘戰士到楠牙賽河邊，迎接李彌長官。下午四時，數十匹騎驢騎馬已來到李國輝歡迎隊伍前，身著樸素的李彌跳下馬來，急趨向前握住李國輝的手，四目相對，熱淚盈眶，譚忠亦熱淚縱橫，李彌一一握手，一面說：「你們辛苦了！你們辛苦了！」

當晚李國輝設宴為李彌洗塵接風，席間李彌介紹了隨他前來的參謀總部參事錢伯英及國家安全局政治部第三處處長呂維英；轉達了蔣中正慰問之意，並表示自己在滇省苦戰中未能與部屬同甘共苦、生死與共的歉疚之情，激起了滿堂熱淚。李國輝、譚忠也會報了整個逃緬經過及這次金三角作戰情況，李彌及錢伯英都深為感動及激動。

李彌把有關擴充改編之情況呈報台灣批准，於是「雲南人民反共救國軍」名稱及整編終於完成。其編制如下：雲南人民反共救國軍總指揮李彌，副總指揮先後次序為呂國銓、邱開基、李則芬、柳元麟、蘇令德，不久邱開基退出後由李文彬遞補。編制內第二十六軍軍長由呂國銓兼任，原復興部隊七〇九團改編為一九三師，師長由李國輝擔任；二七八團改編為九十三師，彭程任師長、譚忠任副師長。另編立數個游擊縱隊和運輸大隊，運輸大隊由馬守一任司令。

雲南反共救國軍總部設在猛撒，李文彬副總指揮負責指揮，其他副總指揮李則芬兼雲南反共大學教育長及副指揮官，柳元麟主持曼谷連絡處，蘇令德坐鎮總部，李彌出差時蘇代理總指揮。

雲南人民反共救國軍成立後，台灣方面發來電報；美軍擬利用反共救國軍牽制大陸共軍，於是蔣中正命令李彌指揮反共救國軍反攻雲南，並呼應配合聯合國軍隊在韓國作戰。李彌接令後一面編練孤軍，一面加強雲南境內情報，並擬定反攻雲南作戰計畫。三月底準備完成，李彌即率反共救國軍，兵分四路向雲南進攻。

第一路由獨立第一、第二縱隊約四百餘人從景東、打洛方向向孟海、景洪方向進攻，並阻止思茅方向之解放軍南來支援；第二路由呂國銓、彭程率九十三師二千餘人向雲南孟連、瀾滄方向進攻奪取二城後防守瀾滄江岸，並作為預備隊；第三路由李國輝率一九三師二千五百多人向西盟、滄源雙江，臨滄方向實施主要攻擊，先奪取四縣，然後向大里、昆明發展；李彌則率指揮部進駐卡瓦山孟茅坐鎮指揮。

反共救國軍發動攻擊後，剛開始還算順利，連續奪取了孟連、雙江、耿馬、滄源、瀾滄等城，主帥李彌遂即由緬甸猛茅前進到雍和指揮。五月十日，台灣方面也派飛機前來空投物資和武器，一時反共救國軍士氣大振。然而好景不常，六月二十八日中共解放軍十四軍由李成芳軍長在保山指揮，對孤軍全面反攻包圍，因為兵力懸殊，七月二日解放軍攻克了雙江及瀾滄，七月五日又攻入滄源、孟連等地；李彌深知寡不敵眾，急下令撤回緬甸，雙方在游擊戰中傷亡不少。解放軍犧牲人數不詳，但反共救國軍已先後傷亡近千官兵。

這次反攻雲南因未能深入腹地，可說宣告失敗。不過在這次反攻雲南的進軍中，滇邊羅紹文、張國柱、文興洲、文雨辰、甫景雲、馬俊國等，也率約千餘武裝部隊加入了雲南反共救國軍，他們都是後來整個滇邊游擊隊的重要人物。這次的反攻雲南震撼了滇緬邊界；李彌也在返回孟撒基地後，重新規劃了反共救國軍的方向及宏圖。建議中央整頓反共救國軍六原則：

一、請中央派遣得力幹部，加強對孤軍的領導。

二、開辦反共抗俄大學，訓練幹部。

三、進一步徵召雲南邊民、華裔子地與當地山民入伍，擴大力量，並對原有的部隊進行整編，加強訓練，提高戰力。

四、加強對雲南境內的情報工作，設立情報站，建置情報網。

五、屯墾開荒，自立自強以減輕負擔。

六、繼續積極策動雲南境內的反共人士，以便適時再反攻打入雲南。

以上建議均獲中央同意，並在一九五二年二月空投七百餘名國軍幹部人員到猛撒，以充實加強反共救國軍力量，這使得反共救國軍之素質迅速提升，反共救國軍的實力也逐漸增強，很快便發展到一萬多官兵的強大隊伍。

雲南人民反共救國軍的兵力聲勢逐漸擴大後，深深地引起了緬甸方面的注意。由於緬甸是中共的邦交國，所以中共也給緬甸壓力，希望緬甸能驅逐孤軍、消滅孤軍，於是緬方遂對反共救國軍發出撤出緬境知會。緬甸方面知道孤軍實力越來越大，打也打不過孤軍；但緬甸政府在國民及中共的壓力之下，一方面先照會孤軍，另方面提出四點強硬之限制：

一、孤軍必須在十天內撤出猛布。

二、孤軍到孟研購物必須穿便裝，嚴禁穿軍服帶武器進入孟研鎮。

三、孤軍穿越公路須在夜間。

四、孤軍不得再以任何理由擴建地盤。

李彌深知如果撤出猛布，反共救國軍就沒有了地盤，也沒有了糧草，所以他不能答應緬軍的要求。只是同意以後孤軍出入緬甸城鎮，盡量避免著軍服配槍，除此之外，他也不允諾不准擴大地盤的限制。現階段李彌之部隊發展迅速，在短短的三年內由二三千人已擴充成兩萬餘人的武裝部隊，並占領了緬北長六百公里、寬二百八十多公里的土地；算一算，已有台灣三倍大，同時李彌之反共救國軍還繼續在緬中、緬南發展。李彌同時籠絡了反緬勢力，大有併吞緬甸的形勢，這時緬甸方面已忍無可忍，緬甸政府傾全力於一九五三年二月初動用了全部的精銳，還在印度、尼泊爾僱傭兵團八千餘人聯合向孤軍發動猛烈的攻擊，這就是有名孤軍與緬軍的「拉牛山戰役」。

緬方雖有飛機、大砲支援，可是在士氣高昂、實戰經驗豐富的驍勇游擊健兒奮力拚敵之下，再次地痛擊了緬軍（這裡我不再詳述雙方游擊戰的經過，因為坊間已有各戰役之經過報導）。這一役孤軍消滅了近九千名緬軍，涵蓋人部分緬軍、克欽軍及印度尼泊爾僱傭兵團，同時俘擄了兩千多名緬軍。

雖然孤軍也先後陣亡兩千多人，但是仍然擊敗了緬軍的攻擊。這一戰爭，轟動國際，緬軍再一次重挫之後，別無他法，只有使出最後一招：集中外交力量，在聯合國公開控告台灣非法入侵緬甸，並呼籲世界各國為緬方主持公道；緬方並提供了大量的相片、文件，指控這是台灣國民黨政府侵占緬甸土地的的行為。後來在曼谷舉行了所謂的四國會議，就是緬甸、泰國、美國和台灣均派出代表商議撤軍計畫。

於是在一九五三年到一九五四年間，反共救國軍分成十七批共撤出官兵眷屬六千五百六十八人，李彌也奉命率部隊撤回台灣。可是仍有大部分的游擊隊健兒不願撤出，台灣方面又另擬了一個方案，就是先撤出老弱殘兵，其他的仍留在金三角先避開緬方耳目，這就形成了後來的「雲南人民反共志願軍」部隊。

雲南人民反共志願軍之形成

第一批反共救國軍撤出後，金三角沉寂了一小段時間，緬軍也派部隊到處搜索殘餘的游擊部隊，可是在滇、緬、泰金三角的原始森林，未撤退官兵躲得緊緊的，緬軍無法發現。不久台灣又派了蔣介石的侍衛長，原第八軍副軍長暨雲南反共救國軍的副總指揮柳元麟重返金三角，統率指揮未撤之反共游擊隊，成立「雲南人民反共志願軍」。柳元麟係浙江慈溪人，原為第八軍副軍長，李彌在被盧漢扣押放出後，柳元麟和李彌夫人被短期當作人質，後來被釋放。柳在一九五〇年四月與李彌夫人龍慧娛等人由雲南滇西逃往仰光，然後進入金三角投奔李彌。

柳元麟在一九五四年底，被中央任命為雲南人民反共志願軍總指揮，他遂即設法召集之前逃躲到各地的縱支游擊隊首領，諸如段希文、李文煥、馬俊國等人。但因金三角的游擊部隊百分之八十以上是雲南人，同時在第一次撤出後，人數及實力大為減弱，加上柳元麟對帶兵作戰能力也不夠強，領導及溝通能力也較差，所以大部分的游擊隊官兵都不買他的帳，使柳元麟變成有點像光桿司令。但表面上柳元麟仍然成立了總部並由他出任總司令，下面編成五個軍及數個縱支隊和獨立團，並設總部於江拉。

但柳元麟以下各軍及縱隊除馬俊國部以外，大家都各懷鬼胎，都看在柳元麟從台灣帶來的金援份上，大部分都陽奉陰違，服管不服調。江拉總部成立後，台灣又命柳元麟對雲南進行反攻，然而台灣哪知道柳元麟雖然編了幾個軍及數個縱隊，但大都尾大不掉，他實際上只有派馬俊國部率隊北上進行了小規模的襲擊。

一九五八年七月柳元麟和他的副總指揮段希文、彭程率反共志願軍渡南墨河，做了第二次的反攻雲南活動。他進入佛海、瀾滄邊境導發邊區一些人民抗暴活動，也引起了國際的注意。同時，中共更視雲南人民反共志願軍如眼中釘，透過外交關係，調動人民解放軍，配合緬甸方面發動了對柳元麟總部及反共志願軍的襲擊，柳元麟的情況危急，雖一面抵抗，但也只能實施敵進我退之戰術。後來又透過四國代表曼谷會議的商議，被迫再做第二次的撤軍回台。但即使如此，還是有一些部隊因各種因素沒有撤退。如不願撤退回台的第三軍李文煥部，後以泰北唐窩為基地；再來是第五軍段希文部，以泰北的美斯樂為生存發展基地。統計第二次撤軍人數，官兵及眷屬共為四千兩百九十二人（另一說法是四千兩百七十七人）。

孤軍三國局面的形成

第五軍段希文、第三軍李文煥各自為政，馬俊國部在西盟暴動後，成立了西盟軍區，其實際部隊番號為滇西行動縱隊。西盟軍區馬俊國部在兵源不足的情況之下（大約只有四百人），仍成立了兩個師，分別由降廷良、木成武擔任師長，但麾下各師實際兵力不足兩百人，計有二十八團，翟恩榮擔任團長，另有曹賢義團及李金龍團，還有楊玉書團，楊後來因叛離被馬俊國槍斃。後來馬部又成立教導團，這時曹團也脫離了馬部。不久降廷良師也因為三軍金壽吉師長來訪，帶著十多人投靠了三軍李文煥部。

第三軍李文煥部及五軍段希文部堅持不隨軍撤台，故已變成了毫無外援的孤軍，其部隊官兵逃的逃，散的散，三、五兩軍實際兵力也只有二千餘人，尤以老弱占多數。這時三、五軍一面督促官兵就地墾荒謀生，同時也做起鴉片生意，並組織武裝部隊護送緬泰金三角走私毒品的商人收取保護費及稅金做軍費。三、五兩軍為爭地盤及爭取商人經常發生摩擦誤會，而且為了擴大自己的實力，也拚命想辦法拉攏馬俊國部。

這時台灣情報局方面似乎有意留馬部在滇緬作為種子部隊，所以仍賦予馬部滇西行動縱隊番號，獨立為台灣執行情報及對大陸做小部隊的突擊與破壞工作。台灣中央政府後來有意重新整編三、五兩軍及馬俊國部，先後派特使夏超及葉翔之（台灣情報局局長）前往協調。但對總指揮問題，段希文、李文煥、馬俊國各有心結，三人都不可能服從任何一方，如此一來，台灣也就無心成立游擊總部了。經評估，最好就是由情報局在台以遠地電台掌控，條件是要段、李、馬分別行動，須有成果才給予補給。

段、李先前曾經派兵偷襲中共，名義上是派出了某師某團，其實兵力少得可憐，頂多一、二十人的小部隊，目的純粹在矇騙台灣，混經費。經馬部電告台灣方面予以揭穿後，段、李也不再如此行了，因為派出的部隊，不管是十人或二十人，每每全軍覆沒。

實際上，各部隊再沒有人願意去執行該項任務了，如要強制這些官兵去突擊，可能一到緬北就會逃亡，所以段、李也無法可想，只好斷絕了與台灣情報局的關係，當然也就沒有了經援。這之後段、李只好自力更生，做生意來維持官兵的經費。

越戰時，美國中央情報局曾派員來聯絡，希望段、李派部隊在柬寮胡志明小徑截擊越共之補給運輸，但也因效果不彰，不久與美國也斷絕了往來。段、李兩部，李文煥的生意頭腦不錯，他不但在泰北清邁設置了珠寶玉石公司，同時還派其大小姐遠赴美國進修經濟學，返國後幫助他把三軍在清邁的玉石公司經營得有聲有色。段希文的五軍則在外交關係方面做得不錯，他不但結交了泰國軍方當權中的上將（實力派人物），同時也引導了台灣紅十字會的農經援助團隊來教導五軍官兵耕植種地，成績似乎也不錯。

可是三、五兩軍的基地都在泰北深山裡，交通不便，加之孤軍及眷屬們因已不被台灣承認，也沒有泰國的身分證，要想出門到城市發展完全無法通行，真是變成了既沒有家（立足之地），也沒有國籍的狀況，那種孤苦及內心的煎熬只有親身經驗的人才能領略那種滋味。所幸天無絕人之路，這時泰緬關係惡化，緬甸指責泰國在緬境內的丹老縣開採鎢礦，並向緬境的撣族及吉仁族武裝部隊供應武器彈藥，支持他們顛覆緬政府的活動，因此緬甸也派重兵進駐泰緬邊境，大有兩國邊境戰爭一觸即發之勢。

這時盤踞泰國中部考牙山的反泰國政府苗共游擊隊十分活躍，經常襲擊泰國東、西、南、北的交通中樞，泰國不勝其擾，曾派出泰國之國防軍精銳部隊多次圍剿；但因考牙山地形險惡，易守難攻，那險峻的地勢，使泰國軍隊空軍及坦克大砲都使不上力。熟知游擊戰的人都知道在崇山峻嶺中，敵暗我明，游擊隊往往可以一抵十、十抵百，泰軍束手無策。

泰國軍政大員他儂上將、堅塞中將等與段希文及李文煥都有份交情，他們想到孤軍在緬甸以少擊眾大敗緬軍的史實，同時他們也深知三、五軍目前的處境，遂報告泰皇擬邀三、五兩軍來參與泰國國防軍並圍攻泰共，如果勝利把考牙山游擊隊消滅，即可發給孤軍官兵眷屬合法泰國身分證，也就是變成泰國公民。

孤軍之三、五軍為了自己的生存，隨即抽調了五百名官兵（大部均已變成老弱），由陳茂修、楊國光率領與泰國國防軍王牌黑豹部隊配合，準備進剿泰共。可是泰國指揮官一看孤軍老弱的樣子，就似乎對孤軍沒有信心，在進攻前的會議上，孤軍指揮官發表了意見，希望泰軍能採取他的戰術；泰軍半信半疑，開始發動攻擊時仍然用猛烈的砲火和空軍的連續轟炸，孤軍一部分也配合黑豹部隊做地面猛攻，不過這樣的作戰方式卻進展不大；最後孤軍官兵發揮了游擊的特殊戰術，一面佯裝猛攻，一面派五軍之楊維剛團長率二百餘孤軍迂迴繞到泰共駐紮之後山，以攀援懸崖方式拱上山頭，由後山猛擊泰共。

泰共萬萬想不到孤軍的這種戰法，最後大敗而逃，孤軍順利占領了泰共的原指揮基地。這次戰役，孤軍也犧牲傷亡了近二百名官兵，不過在贏得勝利後，泰皇親到醫院探視受傷的孤軍，也實現了讓孤軍取得合法身分證的承諾，至此孤軍之三、五兩軍終得在泰北安心落地生根。

馬俊國部隊的簡史

在葉翔之及沈之岳兩位情報局正副局長先後赴泰、寮遊說三、五軍及馬部後，馬俊國深知沒有台灣的支援，他是無法在滇緬生存的。馬俊國出身黃埔軍校，曾在大陸時期的國防部擔任過作戰科長，同時也在雲南省部隊中擔任過某師部參謀。他的學養均優，他在第二次柳元麟的江拉「雲南人民反共志願軍」中也擔任過參謀長。

馬俊國部在「雲南人民反共志願軍」第二次撤台後，他一直打著西盟軍區的旗號，掛著台灣正統部隊名義，在靠近滇邊滄源、瀾滄、孟連線國境外之撣邦活動，他在當陽附近地區，靠近萊莫山（昆沙的家鄉）那馬停留時間，吸收了優秀的緬甸青年學生近二百人，組成了馬部的獨立教導團，由尹載福擔任團長，是滇邊游擊隊最優秀精壯的一個戰鬥部隊。

當時馬俊國的部隊在後期有編制如下單位：一個師由木成武任師長，下面有翟恩榮團、李金龍團，還有他的么弟禁衛營李正任營長。

西盟軍區由馬俊國任司令，馬季思任副司令，陳仲鳴任參謀長，加上精壯的青年學生教導團，人數約五百人。馬俊國部正式在台情報局的番號叫「滇邊工作大隊」。一九六五年四月，馬俊國即令木成武帶領翟團及教導團先行南下到清邁北面之格致灣建立基地。馬部在西盟軍區任內，曾執行多次大陸工作，後來馬部選擇業庸為司令部駐紮基地，並由翟團及李金龍團協防，教導團則於距業庸基地約兩天行程的那告業別另外開闢前進基地，由團長尹載福負責指揮有關工作。

這時馬部的大陸工作幾乎百分之九十均由教導團執行，教導團先後執行了對大陸孟連縣邊境的雙城、壽星、閃電等多次計畫，還有數次的破壞及心戰專勤派遣計畫。當然那些武裝突擊行動，大部分都是以卵擊石，成功的機率極少，大部分都是九死一生，有時全軍盡沒。

格致灣基地建立以後，台灣方面由調升一九二〇區的區長鄧文襄負責前來檢閱馬俊國的滇西行動縱隊，並由台灣國防部擬定一個新的計畫稱為「苻堅計畫」。「苻堅計畫」由當時的國防部長蔣經國拍板定案後，由情報局擬定執行。

當時情報局選定住在泰國清邁之一九二〇區鄧文勷少將負責執行，鄧文勷區長於一九六五年三月回台述職接受任務，之後鄧即返回泰北著手整編。鄧文襄區長即整編光武部隊為四個大隊：第一大隊大隊長由史畢錄上校擔任，大隊基地設在萊吉山之南帕；第二大隊由張重光中校擔任，大隊以景東賀憂山為基地；第三大隊即由原滇西行動縱隊縮編，馬俊國少將任大隊長，以緬北卡瓦山業庸為基地；第四大隊為吳原華上校，基地在寮國南梗。

每個大隊約四百五十人，大部分為站長兼大隊長。光武部隊成立後約十年時間中也是以派遣小組滲透滇邊區內蒐集情報為主，但在約十二次的專案派遣中，以失事者較多，當然也有在心戰情報方面發揮了一些效力。

光武部隊在成軍期間與緬軍發生過數次戰役，較為值得一提的即為萊吉山與緬軍之戰役、南嶺基地之保衛戰，其中第三大隊代大隊長陳仲鳴所率之大隊及該大隊之第二中隊及支援分隊，被緬共襲擊，幾乎全隊陣亡，部分人員被俘，真是傷亡慘重，究其戰敗原因乃因缺乏警覺性及戰鬥駐防基地之布防不足。

筆者在仰光擔任青年同鄉會理事長時，曾往仰光中央監獄探訪當時投緬被關之緬共四〇四六營營長楊四，其曾詳告戰鬥情形，但不值一述。後來也聽說光武部隊曾組反擊部隊襲擊楊四部隊。

在這裡要特別一提的是，光武部隊成軍，原「苻堅計畫」的目的在從事大陸內部工作，成軍十年來光武部隊的戰士訓練有成，尚稱勇敢善戰，但礙於當時情勢，所謂的萊吉山、賀憂山戰役，均為基地保衛戰。光武部隊當時迫於情勢，不管主動或被動，所面對和接觸的敵人似乎只有緬軍及緬共，自然未能充分發展區內工作，檢討下來，實無什麼具體顯著績效；而且還有一個敗筆，為外人及部分賣命官兵所詬病的是「光武部隊實行的制度」。

所謂的內外有別，基本人員的待遇似乎是一般所謂聘幹人員的一二十倍，尤其是大部分執行賣命的官兵，他們出生入死、流血流汗，但所得到的待遇真不成比例；試問這樣讓多年來流血流汗的聘幹外勤官兵不心寒嗎？

後來又執行解散部隊的「華山計畫」，一點點、少少的資遣費，就把十多年為國為台灣拚命的官兵打發了；還有一些官兵硬是撥交給他們所不願去的販毒部隊、地方自衛隊。試問定這些計畫的決策者對他的錯誤決策，良心有所安嗎？

我真是無法明白當局的心態啊！就算國家有什麼苦衷，不得不結束光武部隊，至少要對那些流血流汗的光武部隊官兵（除台灣派遣的基本人員外）有所安排吧？政府應重視那些為國盡忠之官兵的生存人權，按照反共救國軍兩次撤退方式把他們接回台灣才對啊。況且當時光武部隊之官兵人數也只剩下不到一千人，如果有（官兵自願遣散的除外）願意回台的官兵，國家應設法成全他們吧?!

這種將流血流汗的官兵當作破草鞋一樣，用過即丟，全無良心道義的做法，的確讓人感傷。十多年來，游擊健兒為國家出生入死地賣命，如今卻連基本的的生存權與自由都無法獲得保障，怎不令人唏噓？

我在西盟軍區的最後時期

在光武部隊整編時，馬俊國部當初因絕不接受台灣方面派幹部進入他的第三大隊，所以也就沒有按照其他一、二、四大隊有站組的編制。當時第三大隊除馬俊國外，似乎沒有一個官兵可獲得等同台灣派駐光武部隊官兵的基本待遇，但馬所執行的任務是與其他大隊同樣的任務，甚至有過之而無不及。

筆者在由教導團團長被縮編為三大隊的一中隊隊長以後（原馬部所有的大陸工作包括突擊、情報、心戰、策反、破壞等工作皆由筆者指揮負責），原教導團的一部分優秀幹部已被馬調動，大部分到司令部服務，一部分被派遣支援其他團隊，另外由教導團抽調了該團的女生隊及部分幹部的二十多人去學習通訊，這影響了該團的士氣不少。

軍人以國家為重，以服從為天職，團長也無奈。在該團縮編後，雖然官兵待遇略有改善，原本一個士兵每月四十銖的零用金變成了三百五十銖。但不知道為什麼，這一脫胎換骨的做法，讓團裡官兵都有所惆悵及失落。教導團被編為第三大隊二〇三一中隊後，在格致灣基地再加以整訓，分別為新兵基礎訓練及士官隊軍官隊訓練，然後就是奉命北上滇緬邊區執行大陸工作任務；到了緬北後，經報備選定近薩爾溫江以東卡佤山進駐那告前進基地。

筆者記得最後一次執行突擊任務是由一中隊翟恩榮中隊長、楊國光副中隊長、行政官楊星善、二分隊長王邦榮等執行，那次突擊的目標是孟連邊境的賀牙共軍連部，那次實施的突擊戰術是擊點打援（談不上圍點打援），因為我們在執行突擊時，共軍也必派優勢的兵力繞至邊界攔截伏擊我突擊人員，所以翟隊長即下令，由王分隊長帶十多個弟兄深入共軍連部，接近目標後射擊幾分鐘即往計畫好的路線邊境撤離。翟隊長與楊副中隊長則在邊境做第一道設伏，楊星善行政官則於緬境內一高地做第二道埋伏。不出所料，王分隊長突擊開槍射擊後即按計畫退回，不出十分鐘，中共解放軍便迅速開至邊界攔截，敵人接近後我即按計畫在第一設伏地點對來襲之共軍瘋狂掃射，敵人大部分倒下，戰鬥不到十分鐘，翟隊長就下令撤離。這時共軍似乎傷亡很重，已無力繼續追擊。我方撤到安全區後，清點人數，居然無一官一卒損傷，這簡直是奇蹟！此外，組長趙偉明和組員楊立貴還英勇擄獲共軍ＡＫ４７步槍兩支。

突擊成功返回後，我們不知道馬俊國如何報區部，也不知道領取了多少獎金。這次突擊後不久，馬俊國大隊長眼看三、五軍每一個師長皆販毒發財，而他也深知，在光武部隊混下去前途茫茫，於是便在業庸大隊部，未經我隊之同意，下令我團從該年某月份官兵薪响扣一半，以作為經營資本。經營什麼？自然是走私販毒。當時馬俊國敢於這樣做，自恃他的部隊武力經驗豐富，就算區部發現也奈何不了他。

我接到該電報後，真是嚇了一大跳，上下思量：我教導團官兵幹部投筆從戎的初衷是救國救民，大家在異域奮戰這麼多年，拋頭顱、灑熱血，部分戰死沙場——諸如王立華團副、王興富副官、藺汝剛隊長、譚國明參謀等，我們今天如果追隨馬俊國走私販毒，讓教導團光榮的歷史蒙塵，我們對得起已陣亡的官兵弟兄嗎？對得起自己的良心嗎？我失眠了好幾個夜晚，苦思對策，最後決定不贊成馬俊國大隊長扣官兵薪晌去做走私販毒的勾當。

於是我召集幹部開會宣布馬俊國此一命令，所有的幹部都大吃一驚，經過大家研議，只有想辦法把馬俊國的決定及我隊幹部的意見透過管道反映給一九二〇區的區長。當時的區長應該是杜心石少將，他接到消息後，給我的答覆是叫我部虛與委蛇，並繼續監視馬俊國。我深知區部所做決策乃是萬不得已：因為，馬俊國身為少將，也是光武部隊對泰國報備工作指揮官；如果現在對馬採取行動，這位少將大隊長有可能不理會國家的制裁而走上販毒走私一途，如此一來，情報局也無法向上面交代，所以才有此決定。

我跟隨馬俊國在滇西行動縱隊多年，我深知馬的個性為人，萬一讓他發現我是受區部指揮祕密監視他，勢必會老羞成怒，暗中把我「制裁」了！後來，消息也的確走漏了。然而，馬可能評估區部暫時不可能對他怎麼樣，所以還是老神在在，裝作沒事人。這時，馬俊國發了一個電報給我，說區部要執行一項大規模的對中共突擊，由各大隊各派一個中隊，即三個中隊的三百多人組成突擊隊，可能決定由我擔任指揮。

在這關鍵敏感時刻，我一時也無法判斷此一命令是真是假。就算是真的，馬也可能已知道我對他有二心，也就是說，知道我敗露了他走私販毒的計畫決定。加上馬當時命我即赴業庸大隊部商討大計，還說帶多少官兵隨行均可，這擺明了他其實已知道了真相。

當時我們一面透過一大隊之電報反映：虛與委蛇監視馬俊國這一決策，在別處也許行得通，但在滇緬邊區的游擊隊卻是行不通的。我們在被馬發現對他的監視一事後，建議區部是否能同意我們效法艾小石中隊，讓我們也設法變成緬甸的地方自衛隊，但仍執行光武部隊之對大陸工作。不過，後來區部不同意此一建議，而且要我把部隊帶到萊吉山南爬五十一站一大隊吳同謀處。

我們在不得已的情況下，並體諒到區部的為難，就帶著部隊渡過薩爾溫江，把部隊帶到一大隊吳同謀站長處。我在五十一站附近停留了幾天，吳告訴我目前一大隊上沒有營區讓我隊駐防。其間馬俊國玩兩面手法：一面叫翟恩榮隊長寫信勸導我，一面派我的學生吳茂松由業庸來我部準備刺殺我。但吳茂松來到我的隊部時不敢動手，雖然我當時也不確定吳是負責來謀殺我的。馬俊國曾在業庸祕召其他中隊開會，希望各中隊結合起來圍剿我隊。但當時他們深知我隊的戰鬥實力，知道即使結合起來對付我隊也可能不會得逞，何況翟恩榮隊長我們在西盟軍區實是最好的朋友，也認為此計不可行。

過後區部又來了命令，命我隊與第一大隊之二〇一三中隊對調，我隊遂由第三大隊二〇三一中隊變成了第一大隊的二〇一三中隊，駐防在原該中隊之駐地。當時我深知我的處境困難，似乎區部也無力處理馬俊國之事，表面上也盡量維持馬之面子，不讓馬反目。

也許台灣情報局本部及一九二〇區部認為此事十分棘手，又不能自己亂了陣腳，對泰方也無法交代。我調到一大隊後曾聽吳同謀站長說（區部不知為了何理由），曾經考慮要把我升為該隊增設的大隊輔導長，楊國光升為二〇一三中隊長，並報請區部希望把我和楊變成基本人員（即報請區部以游擊存證轉變為特區存證），或許是體念我倆的忠貞為國。我自知如果我繼續留在光武部隊與馬俊國為敵，他是獨霸一方的大隊長，我只是一個中隊長，和他發生水火不容的衝突，區部也必須處理很多矛盾，所以最後我決定離開光武部隊。

雖然我是因為愛國，維護光武部隊的聲譽而率隊脫離馬部，但在衡量利害得失的關頭，擔心當局必會採取棄我保馬的政策，我的前途也就可想而知，這也是我求去的主因。我真可謂因愛國而來，也因愛國而去。

我教導團自成軍以來，官兵為報效黨國執行多次的突擊及爆破行動工作，每次都是九死一生；但大家均抱著必死的信念，無怨無悔地願意獻出自己寶貴的青春與生命，但是國家竟把我們視為傭傭的不值錢的亡命之徒，只給予和台幹不成比例的微薄待遇。我們似乎連基本的權益也沒有，讓我們覺得全無保障，深感前途茫茫。

當我在一大隊服役期間，我很感謝站長吳同謀對我們的愛護，還有五十一站及各隊同事對我們的熱誠以待。然我深深知道，只要馬俊國在光武部隊一天，今後我的處境十分尷尬，除非我能調回台灣或外派，否則我們原隊的基本幹部，連同我在內，已沒有任何的前途可言，處境只會越來越困難。

同時，我也看到基本人員及我們當地聘幹的待遇之懸殊，如此的差距不成比例；我內心已產生了矛盾及失望，再也不願盲目地拚命了。所以在緬軍第一次進軍南爬基地時，我也贊成不與緬方正面衝突，也願跟隨大隊轉移。

萬萬沒想到，站部對有關資料未能妥善轉移及處理，以致緬軍占領五十一站後，擄獲了很多五十一站的資料；吳站長也因此犯了大錯而受了處分，從此鬱鬱不得志，退役後便成了癡呆症，最後鬱卒而逝，個人深感惋惜及內疚，未能盡保護之責。

在緬軍撤退後，我們再度返回南爬基地。但是我對國家、對光武部隊已心灰意冷，所以就請假回緬甸探親。當時我內心已感到這樣下去前途茫茫，雖然我沒有回過台灣，但對於美國尼克森的訪問中國大陸，我深深知道所謂的反攻大陸也幾乎是口號而已；另外，我如果繼續在光武部隊服役，一樣沒有前途，只要有馬俊國在的一天，我的處境就會困難一天。

一些知道內幕的人士透露，如果我繼續留在馬部，虛與委蛇地跟隨他繼續走私販毒，對光武部隊形象必然造成很大的負面影響；同時馬俊國也會變成一個走私販毒部隊的領導人，也可能變成毒梟，這樣勢必與區部和情報局反目。如果他脫離了區部，我行我素地搞走私生意，不但會害三大隊於不義，同時也會讓國家在滇邊的權益受損。

有些人認為，我反對馬俊國走私決策是救了馬俊國及該部隊，由於我隊的脫離，對馬俊國走私販毒起了阻嚇作用。無論如何，不管他人怎麼評斷，就我隊幹部來說自認這一決策是明智的，我們絕對不能變成走私販毒的部隊。我不知道我離開馬部，外人做何評價，但我深信局裡及區部有關知道實情的人員，也會體諒我的苦衷。

光武部隊「華山計畫」執行後，金三角再也沒有台灣的游擊隊了。我請了長假，回緬甸做生意，也略有小成。後來我定居仰光，在閒暇之餘從事僑務工作。

東南亞最大的雲南會館

我在赴台定居前，是仰光僑領之一；經常有左右兩派的僑領前來和我談及當地的僑情，仰光雲南的華僑人數已經很少卻又分成兩派：一派是傾向台灣的雲南自由青年總會，會館設在仰光百尺路，當時由我的同學江松靖擔任理事長；另一派是傾向中國大陸的左派雲南會館，由蕭逢茂任會長；兩個會館涇渭分明，互相較勁。

在二〇〇二年，我為了照顧八十四歲高齡的慈母而回到緬甸，同時在仰光開設金緬甸珠寶玉石公司。我當下有一個想法，目前兩岸情勢變化彼此已趨向友好，而我們少數的雲南華僑為了生存，團結都來不及，反而還鬧分裂，真令人痛心。

當時我立願，要出面向左右雙方僑領溝通，曉以大義，我們應拋棄前嫌，為了全體華僑的幸福，我們應組一個不分左右、統一團結的組織，為了僑務及對兩岸作業的方便，我們可保有原來各自的小機構，但由雙方合作籌組一個團結的大雲南會館。

當時僑居仰光的鄉賢非常贊成我的構想及提議。行事果敢的領袖羅星漢主席也熱誠相助，我即執筆寫了籌組事宜，並在當時的燕京餐廳召開第一次的籌備會議，兩邊會館的代表也多人出席。記憶所及，出席的有雙方理事長蕭紅茂、江松靖、張瑞錦、陳自廷、王月英、趙忠、楊大偉、金光澤等人。代表會推舉我為籌組會主委並擔任會議主席，羅星漢、陳剛擔任顧問，一致通過決議成立籌備大會，各代表並熱心捐獻三實多萬元做籌備基金。

隔月又由我召開了第二次籌備會議，一致通過知會各同鄉，預計下個月擇日正式成立大會。我內心很感欣慰，希望仰光雲南同鄉會不分左右兩派的統一模式，能成為一個象徵或模範，影響兩岸的中華子孫使之更快地和平統一起來。

很遺憾，後來我因事返台，未能參加成立大會。會中，雲南同鄉推選了趙忠當第一任會長。在他任內，越來越多的雲南華僑加入同鄉會，這也是我內心的一大安慰。在第一屆同鄉會趙會長及各鄉賢的努力之下，雲南同鄉熱心贊助，很快就籌募到巨款，在仰光買地建了一所東南亞最大的雲南華僑會館。後經各屆會長的努力及全緬雲南同鄉的支持，會務蒸蒸日上，造福僑民，並由會館成立華文學校以發揚中華文化、培植華僑子弟……

每念及此，因時空因素，我後續沒有對該會有什麼貢獻，慚愧之餘仍為我雲僑慶幸與祝福！

CIA&KGB對我的召募

我離開部隊後，在仰光僑居做生意時，因活躍於僑團，而有機會擔任自由僑社領導人。由於我喜歡打高爾夫球，經常在球場與各國駐緬甸使館人員接觸，諸如一、二等祕書或參贊甚至KGB及CIA人員，一塊打球、喝酒聊天。接觸時日久了，彼此之間關係越來越好。他們常到我經營的梅園餐廳來用餐；每次都會找我在雅座裡和他們喝酒聊天，進一步熟識之後，他們會邀我至他們的住所做客。

其中有一位KGB二等祕書Mr.K邀約我到他家之後，他的夫人做了精緻的下酒菜招待我，Mr.K與我喝蘇聯的伏特加烈酒，內摻TONIWATER，一杯又一杯。

K先生會說生澀的華語，有時也參雜著英語溝通。喝著喝著，K先生就移地坐到地毯上，我客隨主便也跟著坐下來，K先生很高興地告訴我，他們蘇聯人的風俗，當客人到家裡喝酒聊天坐到地毯上，就表示很盡興、很尊重主人。

K先生看我喝得差不多了，似乎覺得彼此友誼更增進，趁著酒酣耳熱之際，K先生開口對我說：「尹先生，我們知道你的過去，你曾在金三角領導反共游擊隊官兵多年，從事對中共工作，包括情資蒐集你也很專業；我們蘇聯也因中共修正主義路線與我們莫斯科政府漸行漸遠；如果你願意為我們對中共工作，蒐集大陸情資，我們對你除了感謝之外，一方面當提供優厚的酬勞；我們也瞭解你，是不滿意台灣政府對你們的待遇而離開部隊的，現在台灣當局在台北的情報局，也有著以往與你交情不錯的同事，你可以透過他們，提供你大陸方面的情資；如果你能幫忙，我們會提供費用給你到台灣活動。」

我雖有醉意，但頭腦清楚，身為中華民族子孫，無論如何，我不能做對不起我本族的事，於是我委婉地謝絕了K先生。自從那次事件以後，K先生再也沒有來我的餐廳用餐，也不再邀我到他家喝酒聊天了。

當時美國CIA駐仰光的一等祕書Mr.R也用同樣的方法，想請我幫忙替他刺探有關金三角毒梟走私販毒的情報，也被我拒絕了。

從上述之狀況讓我深知，我過去的身分、地位及在仰光僑團的活躍，都會成為各國從事情報活動的招募對象，我更需要堅定自己的信仰，對國盡忠。

▲ 教導團軍官賈生龍台長（右二騎馬者）及陳濟民隊長（右一騎馬者），在滇緬邊區卡瓦山騎馬合照雄姿。

第二部　我逃往緬甸的經歷

悲劇的時代就有悲劇的英雄，一個熱愛中華民族的人，一生的遭遇是漂泊孤獨。一個有為的青年，懷著遠大的理想抱負，獻身於反共游擊鬥爭，拋頭顱、灑熱血地奉獻了寶貴的青春，在槍林彈雨中拚死賣命，最後淪為傭兵棄卒。我一生顛沛流離，一場中國人打中國人的國共末代戰爭烽火，燃燒著我的生命。

雲南邊境・生命的源流

我的家鄉，在雲南一個四季如春、風景秀麗的小山城，騰衝縣洞山鄉的黃坡村。騰衝位於滇西邊陲，山川秀麗，乃是翡翠之鄉，並有著絢麗多姿的地熱溫泉，目前已成為國內外知名的旅遊勝地。騰衝地理位置特殊，過去曾是古西南絲綢之路的要衝，也是軍事文化古城，著名的僑鄉。抗日戰爭期間，騰衝也曾發生過激烈而影響深遠的大大小小的戰役，諸如松山戰役、文筆坡爭奪戰等。現在，那裡有一個中共唯一保存的抗日戰爭紀念公園（國殤公園），可見到抗日英雄烈士的紀念碑，供奉著烈士牌位，甚至還有國民政府的青天白日徽。

我出生在一個不大不小的家庭，祖父輩有兄弟五人，有的是出色的生意人，也有文人學士，文武兼備。我的四叔公是清朝進士，三叔公是武將，我的親祖父則排行最大，是個成功的商人。祖父曾經帶我父親出國，到緬甸購買洋紗，然後運回到國內保山、麗江、昆明等地出售。

祖父還帶著父親蓋了一棟大房子，據說，在當時是全縣數一數二的「豪宅」。據母親告訴我，那棟房子蓋了三年多才完成，有些材料還是從緬甸買進來的呢。當時交通不便，沒有公路，那些建材全靠騾馬馱運，其中艱辛可想而知。令人遺憾的是，新房子才蓋到一半，祖父就因病去世了；因此，建造工程最後是由父親完成的。

父親尹贊舜，自小與四叔公（我們又叫四公，他後來教書）飽學四書五經。他經商有成後，大力推動公益事業：不但在寬敞的家裡辦了一個私塾，村裡農民糧食不足的時候，父親也會買糧救濟，幫助村民渡過難關。

後來，父親還當上了洞山鄉鄉長。可惜好事多磨，父親擔任鄉長期間，正值滇西抗日戰爭最慘烈的時候，由於我家的新房子坐落在離城八公里的山坡上，位處山麓高地，自然成為了軍事上的重要據點，因此「有榮幸接待過各方神聖」。

抗日戰爭時期，騰衝曾經淪陷。為了爭城奪地，日本軍曾進駐我家作為指揮部。母親告訴我，日本軍官很喜歡我，還親自幫我剪髮，理了個大光頭。國府中央軍第六軍指揮部，還有美軍顧問團也進駐過我家，軍長及顧問團團長衣復得上校，為了加強與我父親的關係，還收了我做義子。母親曾沉痛地告訴我，大我五歲的哥哥就是遭日本飛機轟炸時炸死的。好不容易，抗戰勝利了。

記得我八歲的時候，共產黨解放了我的家鄉，那時我已上小學二年級。解放軍從保山進入騰衝城時，經過我們洞山鄉黃坡村，我曾和老師同學一起列隊歡迎。解放軍進村後，在我家的白色圍牆上，用油漆寫了幾排斗大的標語：「一不徵兵，二不徵糧，三不拿老百姓一針一線，四保證老百姓安居樂業，窮人翻身。」村民看了標語，聽了宣傳，奔走相告報喜，大家都歡欣鼓舞，我家也不例外。當時，大人小孩全都喜氣洋洋地歡迎解放。不幸的是，這樣的昇平日子持續不到三個月……

清算鬥爭悲歌・公審地主惡霸

我家被列為地主惡霸，解放軍政府將父親列為全縣第一個清算鬥爭的對象。還記得那天，父親聽到傳言說民兵配合農會人員要來捉他去鬥爭，因此一大早就悄悄地帶著我跑到洞平村（距我家約五公里）的姑姑家暫避。那天中午，我們午餐都還沒有吃，就有好心人士跑來姑姑家通風報信。民兵在黃坡村抓不到父親，遂兼程前往洞平抓人。

說時遲那時快，父親一聽，馬上丟下飯碗，帶著我跑到姑姑家的竹園去躲避。片刻，大批民兵、農會區公所人員就趕到姑姑家來了。才一眨眼，已見到解放軍帶著民兵將竹園團團包圍；隨即進來兩個民兵、一個解放軍及一個村幹，用槍及盒子砲手槍指著父親喊：「尹贊舜，快出來，否則我們要開槍打人了！」當下，年幼的我被此場景嚇得目呆臉青。最後，父親知道我倆終究插翅難飛，逃不出去，只好乖乖就範。就這樣，父親被五花大綁抓去了鄉公所。

第三天，全鄉農民百姓代表被通知到黃坡村中的廣場集合，那裡臨時搭了一個棚台，上面掛了個白布條，寫著：「清算鬥爭地主惡霸尹贊舜。」只見父親雙手被反綁著跪在棚台中間，膝蓋下還散放著碎玻璃及碎瓦片，因此跪得他雙膝鮮血直流。父親低著頭跪在那裡，有幾個訓練有素的村民輪流跑上台，進行清算鬥爭。只見演出者一隻手插腰、一隻手指著父親厲聲謾罵：「尹贊舜，你平時欺壓我們，放高利貸給我們，霸占我們的農地……」一面罵，一面向父親吐唾沫，還說什麼：「你兒子尹載福在學校讀書，欺壓我們的孩子，平時我們的孩子做牛做馬被他騎（當時我才七八歲，記得跟同學玩遊戲時，我也會輪流當牛當馬被其他同學騎）……」

共產黨剛一「解放」中國大陸，即在農村進行清算鬥爭，眾所周知，那有多麼不公不義。可以說，毛澤東所用的那套手段是前無古人的，也是全世界所僅見的。所謂的「窮人翻身」，那是精心設計的政治口號，也充分掌握了大陸窮苦落後的現狀和貧民的心理。

欲加之罪何患無詞？父親原是公認的好人、善人，共產黨卻把他打成了地主惡霸！我想父親唯一的錯，就是辛勤經商，賺了點錢，然後將財富用來做慈善公益。但這真能算是錯嗎？還好，好人還是有好報的，父親那天被清算公審後，寫了悔過書，倖免於槍斃。

父親被釋放後，我們洞山鄉的房子也被共產黨當局沒收了。既然房子沒有了，全家何處安居呢？父親只好帶著我們老小，遷到城裡五保街趙家巷租屋安頓。在我模糊的記憶中，我們在城裡安靜地住了半年，第二次清算鬥爭運動又來了。那一次，父親再度被列為了頭號鬥爭對象。所幸，父親樂善好施，部分有良心的鄉幹私下通知了父親。倉卒中，父親決定全家化整為零，分散到各地躲避。

我們一家大小八口，分成幾組，到三個地方投奔遠親：姐姐、妹妹和小弟、嬸嬸躲到滿金銀（騰衝的一條街）親戚家；我和母親躲到城裡六保街六外公家，三叔則直逃緬甸；父親也躲在倪家鋪（洞山鄉姑媽家）。就這樣，全家分散躲避。

我記憶最深的是，我和母親躲在六外公家地下室。當時的建築，地下室應該是地窖。地窖的高度很矮，無法站立，室內一片黑漆，伸手不見五指。我們的兩餐由六外公的家人送來，我們在那裡躲了近三個月，全不見天日。

我因年紀小，母親輕言細語地和我聊天，但時間一長也就沒有話題了。母子兩人就這樣地躲躲藏藏，真不知何時才能見到天日？我長時間生活在暗室中，慢慢地我的瞳孔就漸漸放大了，後來我甚至可以在闃黑的地窖裡清楚看見蟲蟻呢。每天，我一發現螞蟻在我身邊走動，來回搬運我們掉下的飯菜碎粒，就高興得彷彿看到了我的小朋友。我會用眼睛釘住牠們，一直注意著牠們的動向直到消失蹤影。另外，我也會用隻筷子在地上不斷地亂畫，或寫幾個月以來已認識的字。母親沒有念過書，無法教我，只好不斷地給我講些民間故事。

我記得印象最深刻的是岳飛傳、木蘭從軍、梁山伯與祝英台等等。我最敬慕岳飛，知道他的母親在他背上刺上了「精忠報國」四個大字；而我最恨的是秦檜，他不遺餘力地逼害忠良岳飛。當時我全然不懂皇帝的昏庸、岳飛的忠孝，母親也不會告訴我，在現世間還會有那樣的事嗎？

記不得是哪一個月的哪一天，父親請人通知我們，他決定帶著全部家人逃奔緬甸；因為我們長期在縣裡躲藏也不是辦法，總有一天會被村幹民兵發現。那時捕捉我們的共產黨當局曾放話，如果抓到我們全家，無論老小要斬草除根把我們槍斃掉。你知道當時的共產黨是如何地兇殘嗎？

某天的一大早，有人來帶著我母親和我跑到滿金銀與我嬸嬸、姐姐、弟弟會合。當時弟弟大概一歲多，妹妹已五歲。由於妹妹很愛哭，擔心萬一她亂哭而暴露了大家的行蹤，所以就決定先把她留在親戚家，以後再接她出來。母親和嬸嬸、姐姐、弟弟我們會合後，就藏匿在當時的華嚴寺樹林裡。躲在那裡時，我們可以很清楚地聽到寺裡傳來「哆哆哆、噹噹噹」的和尚誦經聲。我們才剛會合躲在寺裡不到一個小時，就有親戚來報知，民兵已發現我們全家逃了。真是奇怪，他們怎麼會知道呢？應該不會有人告密吧！一直到今天，對我而言這還是一個未能解開的謎。當時親戚還說，民兵和農會人員已追到滿金銀了。於是我們又逃向洞平姑姑家，在姑姑家吃了一頓飯。不想，又有消息傳來，民兵和農會人員又進到洞平了。我母親和嬸嬸是婦道人家（指村婦），沒有什麼逃亡經驗，因此才會又躲到上次父親被抓到的地方——也就是在洞平姑姑家。自然，他們（老共）因為有跡可循，就這樣一路追蹤而至啦（如果是現在，老共要抓我，應該是「門都沒有」）！

聽到追兵已到的消息，姑姑也慌了，讓我們趕緊由後園旁逃走。因此，姑姑帶著我們從後園又跑到另一戶人家的園子。就在這時，牆外傳來了民兵和農會幹部的聲音：「大家仔細搜，一定還躲在附近！」

我還記得，那時園子裡，很多蔬菜都已長得十分豐美快可以收成了，而園邊堆著些乾樹枝，園子裡有一個老頭子正在整地。老人家看到了我們，也聽到了園外的吆喝聲。我想，他應該是看我們一家老老小小可憐，於是心生同情吧。總之，他有意做好事，幫忙遮掩我們的行蹤。他吩咐我們集中蹲在一塊兒，然後把乾樹枝、菜葉皮盡往我們身上堆，遮蓋住我們。

他剛一蓋好，就有一位小媳婦衝進來，指著老人說：「爸爸你幹什麼？為什麼要把他們藏起來，現在村裡民兵及農會人員正在會合抓他們！」老人毫不猶豫地對那婦人說：「妳積點陰德行行好吧！妳知道他們老小多可憐呀！雖然妳是婦女會主席，但公公叫妳救救他（她）們。」

這時我們知道藏匿不住了，母親趕快帶著我們來跪在婦人面前，求她「行行好，大恩大德以後再報」。那婦女會主席，一面因為他公公（我們雲南稱丈夫的父親）的勸說，一面因為看著我們可憐，所以沒有出賣我們。就這樣，我們逃過了一劫。我和媽媽也跪謝了老人家，謝謝他搭救之恩。我們在園子裡躲到天黑，又繼續往倪家舖（洞山村的一個地方，距我家約四公里）走向大姑媽家（父親與我們約好全家在倪家舖集合，以便祕密地在大姑媽家與他會合，然後由大表哥帶領我們逃往中緬邊境）。

從洞平的姑姑家走到倪家舖的路上，必須經過一個胡家灣；農會在那裡日夜都設有崗哨，大部分時間是由少年先鋒隊員站崗（少年先鋒隊是共產黨解放大陸初期由青少年學生，大部分為中小學生，組成的一個組織，即所謂的紅領巾）。我雖然年幼，但我告訴母親，我是城裡著名小學（當時叫紅學）的優秀少先隊員，通過那裡時由我和姐姐在前面先與他們打交道。大約九點左右，夜黑風高，我們走到少先隊的站崗前約三百多公尺處，我和姐姐拿著小火把（沒有手電筒）大大方方地向著崗哨走去。

「什麼人！」崗哨裡的少年先鋒隊員發問。

「城裡紅學的紅領巾。」我應答。

「要去哪裡？」

「從城裡來，要到倪家舖去看大姑媽，因為她病重，所以連夜趕去看她老人家！」

崗上紅領巾知道我們也是先鋒隊員，所以沒有嚴格地盤查我們，就放我們順利通過了。又走了約一個小時，我們終於到了大姑媽家，父親已在那裡等候。

深夜裡，姑媽給我們吃了宵夜。然後大表兄挑了他家挖海糞（黑煤）的骯髒衣物，叫我們全家穿在外面，看上去偽裝得像一群貧農的樣子。天還沒有亮，大表哥即帶著我們出發，往緬甸的邊界前進。行行復行行，運氣真好，當我們通過朱心街（地名）的一個民兵檢查站時，剛巧他們在吃早飯，而且狼吞虎嚥地吃得津津有味呢。因為那裡距離邊界還有兩天路程，經常有百姓去猛連（地名）趕街（五天一集會的流動市集）。老共的民兵紀律散漫，連站哨的民兵也忙著吃飯，看到我們一群邋遢的貧農，連問也不問就讓我們順利通過了。過了檢查站，父親叫我們加快腳步，以免民兵追上來，被抓到，全家就慘了。大表哥路況很熟，為避免民兵從大路追來，就帶我們專挑隱蔽的小路走，這樣，即便民兵追來也找不到我們。

當天黃昏，我們走到了土司的特區，南木寨小猛碰（地名），那裡有一家姓尹的住著，叫尹自禎，是父親做生意的客戶。由於父親經常幫忙他們，彼此交情匪淺，又是姓尹同宗，所以我們就在他家住宿了一個晚上。第二天由他安排，雇用遠親羅自信的馬幫護送我們往緬甸邊界逃走。為了避開老共民兵的追捕，全家晝伏夜行。

我和姐姐因為太小走不動，羅先生就用一匹騾子馱運我們；母親和嬸嬸因為是半小腳（清末民初民間還流傳裹小腳，直到後來才開放，母親們等國民政府解放了小腳，已變成不大不小的半小腳），走路相當不便，所以母親和嬸嬸分配騎馬逃走。

因夜間走路行動緩慢，記憶中我們大約走了三天，第四天才到達瑞麗江邊，住在一間傣族擺夷民房裡。父親為了到緬甸木姐（地名），先去安排一家大小的落腳處，於是先涉水渡過瑞麗江，一早先行往木姐方向出發，說好第二天就會來接我們。誰知，父親一去不返。第二天，第三天，我們一家人在瑞麗江邊望穿秋水，從早到黃昏，等不到父親回來，大家急成一團。

第三天，終於由木姐來了一位李叔，那是我們村裡的人。李叔找到我們就說，父親渡江時被緬軍抓起來了，關在緬軍營地，現正由當地僑領代為交涉，叫他先來接我們去木姐。就這樣，我們平安地逃到了緬甸木姐，羅先生的騾馬也就折返他的家鄉去了。

自由新國界・痛失父親

我們在木姐的一個小街道住下來後，李叔和當地僑領告知我們不要急，爸爸不久就會被擔保釋放出來。因此，全家只好焦急又無奈地等待。過了三天，父親真的沒事放回來了。原來緬軍抓人的目的是想搞點外快，他們才不在乎你偷渡不偷渡。為這件事父親不知活動了多少錢才解決，這不是我們小孩子能關心了解的事。

我們全家在木姐住了半年多。當時緬甸邊界木姐、九谷等地，雖然是緬甸屬地卻相當混亂，從中國逃亡出來的難民，初期大部分就集結在這個區域，還有部分人士靠著從大陸帶出來的武器組織了所謂的游擊隊。游擊隊中，據說最著名的應該是一位叫史慶興的，他是騰衝邊區貧困出身的游擊英雄；他經常隻身潛回大陸去，不但救出了自己的母親，還救出了部分親友。他的驍勇善戰及機智是很有名的，可惜他沒有念過什麼書，更沒有讀過軍事學校，比較類似水滸英雄、梁山泊好漢一般的人物。他號稱反共游擊隊支隊司令，卻有土豪劣根性，他的部隊紀律不彰，經常劫掠搜括老百姓的財物。後來他尚未正式與李彌的反共救國軍聯絡上，就被他的部下為了金錢、奪權給暗殺了。

其他的雜牌單位也很多，諸如青幫、洪幫等，都各自擁有武力，他們打著反共游擊隊的招牌招兵買馬，甚至壓榨、強奪老百姓財物。可說，當時的局勢真是一片混亂，你爭我奪，司令如牛毛，被欺侮的總是善良老百姓。父親看到這樣的情形，知道長住木姐不是辦法，所以決定安排我們搭汽車經貴概、臘戍，搬到緬北的一個小鎮當陽，那裡比較安靜，距大陸邊界與游擊部隊較遠。事實上，從當陽到大陸邊界，大約要走五六天路程；走到李彌將軍的反共救國軍猛撒基地，則須半個多月。

在雲南被解放前，土共朱家壁部曾被國軍及地方部隊追剿，遂逃至當陽喘息避難，之後又在盧漢的支援下，重返雲南邊境活動；後來中共解放雲南，朱被選為中共雲南政協委員。解放後，當陽變成了反共人士的避風港，李彌游擊總部常派人員在當地聯繫大陸逃亡至緬北的反共人士。當時，當陽的確是一個藏龍臥虎的緬北重鎮。

當陽靠近卡瓦山（緬甸的一支少數民族叫佤族），佤族的日常生活用品，包括衣食，都要到當陽採購。所以從大陸逃出來的難民，因此可以在那裡做點生意來維持生活。當陽是一個山明水秀的小鎮，可說地靈人傑；著名的毒梟鴉片將軍昆沙（張奇夫）的家鄉就在距當陽東北約十多公里的萊莫山。雲南解放前夕，前面提到的土共司令朱家壁經常在雲南、緬甸邊境活動，在當陽創辦了一個小學，就叫當陽華僑小學，當時用的是親共的課本。有趣的是，朱家壁離開了當陽，解放後反共的華僑難民又集居當陽，該地又變成了反共僑居地，華僑小學變成了反共小學，讀的是台灣的教科書。

當時，當陽這個小鎮由於聚居了這麼多中國難民，遂逐漸熱鬧起來。我到了該地，就進入華橋小學三年級學習。那時，學校裡的教師可說是人才濟濟：學校董事長是反共僑領楊春芳，校長是王恭天。教務主任趙銑，曾任國軍連長，雲南龍陵人；他辦學十分熱心，培養學生不遺餘力，學校的課外活動辦得有聲有色；他也物色了很多飽學之士，將學校的水準大大提升。當時，當陽師生清一色都是反共華僑，但也有許多共諜分子混雜其中，以當陽做跳板，參加反共游擊隊潛伏，做地下情報工作。

當時所謂的洪門大洪山、清幫五合宮也十分活躍，做得有聲有色。擔任我們學校董事長的楊固天、秦希伯就是五合宮的大哥級人物，尤其後者乃是著名的五合宮「秦大爺」。我受這清幫洪門的影響很大，在讀四年級的時候，就學會了集群結社，串聯了學校年齡相當的同學結拜弟兄。當時，我們組織了一個所謂的「中虎黨」，由我領導；黨內彼此十分團結，誰也不敢欺侮我們。

現在回想當初，我的領導特質就是那時培養的。我們組織的中虎黨，當時為了隱藏集會，就在學校寬敞的運動場邊挖鑿了一個地洞，裡面可以容納十多人。現在回想起來，那種場地其實很危險，還好操場的土質結構是黏土，否則坍塌下去就不堪設想。學校後來發現了我所發起的活動，老師也沒有特別指責我。因為，我們雖集會結社，但並未向誰挑釁，各個同學的課業也還不錯，訓導處僅略微告誡，就不了了之了。

值得一提的是趙一弘老師，當他發現我有這個領袖特質，還特別鼓勵我參加學生自治會服務。所以，在小學五年級時，我就參加了學生自治會。但因為我年紀太小，老師沒有推薦我擔任自治會主席，只鼓勵我擔任幹部，諸如編設組、糾察組、文藝組組長等。我在學校的課外活動及文藝活動上很活躍，曾經代表學校參加百米短跑，加入過學校的籃球校隊、足球隊、跳遠隊等，得過不少獎牌、獎品。此外，春節學校拜年隊、話劇隊我都積極參與，無形中也訓練了我的團體組織活動能力。

定居當陽後第二年，父親患了傷寒症，在缺乏醫療及醫生的情況下，父親病逝了。此後，全家陷入困苦境況，只能靠母親和三嬸幫人縫製衣服為生，還要供我和姐姐讀書。我常常半夜裡看到，媽媽和嬸嬸為了賺取我們的學費，辛苦趕工縫衣服。當時，我小小的心靈深深感受到媽媽和嬸嬸的辛勞，更加立志要好好讀書，有待一日出人頭地，回報她們。

小學五年級的時候，尹自禎家也來到了當陽。他家孩子很多，所以就在他家辦了一個私塾，他鼓勵媽媽把我送去就讀。當時教私塾的是一位羅老師，他非常注意我們的國文及尺牘（即寫信），同時也穿插一些古文教我們，諸如詩詞歌賦。我很用功，羅老師特別喜歡我，他還說我相貌堂堂，又發憤讀書，將來一定有出息做大事。因經常得到他的鼓勵，我更加勤奮，在羅老師那裡進步神速，尤其是國文及應用文方面。小學五年級我就經常幫鄰居寫信寄回家鄉，可惜我們的私塾在社會的壓力下，被勒令關閉了，我們只好又跑回華僑學校就讀。

當時我已讀小學六年級，畢業後，學校試辦了初中。但因我們班上人數不足，師資又缺乏，初一下學期媽媽就咬緊牙關把我送去皎脈緬北中學就讀。因為我堂嬸及堂叔家住皎脈，所以就叫我住到嬸嬸家。嬸嬸領養了一個兒子叫尹在忠，他讀書非常用功，我受了他的影響，功課也變得很好。在初二那年，我們的班導師劉新一，他是北京有名大學的畢業生，教我們國文作文；我因基礎不錯再加上他的教導，居然可以寫文章投稿到香港的《學生週報》。

第一次領到的稿費二百多元緬幣（當時幣值很高），可以買一隻流行的羅馬錶，那是多麼地有成就感啊！我在劉老師的細心教導下，文學及寫作基礎突飛猛進；此外，我也很喜歡看書報雜誌，吸收新知識。記得當時我特別喜歡看香港出版的《春秋》雜誌，其中時常刊登一些傳記文學類的文章，也報導一些時事。雖然，從小我就痛恨共產黨，因為它毀了我的家，害我們一家人逃出大陸，遭受家破人亡的痛苦；可是，對於大陸上共黨毛澤東和他的革命幹部大家一條心，志同道合，從勤工儉學到後來的二萬五千里長征「以少勝多」的國共戰爭等等諸多事蹟，我卻心嚮往之。當時念初三的我，也暗暗立志：也許有一天我會像毛澤東那樣，有機會拯救中國……

記得我們念初中的時候，緬北中學有一位教務主任，他的名字叫李生耑；他雖然只教我們數學，但他的言行似乎很神祕，而且有意無意地灌輸我們反共愛國思想，也鼓動我們應立志回台灣報效國家。由於我的家庭遭受中共清算鬥爭迫害的關係，在緬北中學裡的政治立場應該是中間偏右。在我們的校園裡聳立著一個抗日戰爭勝利後的一座紀念碑，那是紀念抗日英雄少將團長林冠雄的紀念碑；我每天走到碑前，都會默默地向它行注目禮，內心也會立志要像林團長一樣保家衛國，為中華民族爭光。

記不得是哪個月，在我們初中三年級的時候，傳來了一個消息說，由於中共的壓力，緬甸政府準備要把我們校園裡的抗日勝利紀念碑摧毀。當時我們一群愛國的同學聽到這個消息，大家都很激動氣憤。我們部分愛國同學於是串聯起來，到處尋訪台灣在皎脈的地下工作人員，計畫請台灣方面供應我們炸藥。我們當時打算，萬一校園內抗日陣亡將士的紀念碑被毀了，我們也聯手去把皎脈緬甸的紀念碑毀掉。後來不知怎樣，直到我們畢業，緬甸也沒有採取行動；但畢業後聽說真的被摧毀了。

我們緬北中學從校長到教師、學生，百分之九十都是不滿共產黨逃亡出來的，所以反共思想很濃厚。我們經常關心台灣的消息，自然也更注意中緬邊境反共救國軍的狀況。記憶深刻的一次是，學校帶我們去較遠的山區郊遊，我們穿著童子軍制服，帶著簡單的裝備——水壺、繩子、小刀、童軍棍，很有秩序地走在蜿蜒的山腹、山頂小徑上。走著走著，我突然有感而發，心想搞不好有一天我們會變成反共游擊隊，身上配備著槍砲，像這樣在山徑上行軍。誰知，我高中畢業後想回台灣升學的願望沒能實現，兩年後，我真的投筆從戎參加了反共游擊隊。就這樣，山徑上的「突發奇想」，居然成為了事實！

少年十五、二十時
——求學成長的軌跡

我初中畢業後返回當陽，當時體會到將來要有出息一定要升學，而且對念書我越來越感興趣。可是家裡太窮了，母親再也沒有能力供我念高中。當時，整個緬甸只有首都仰光設有高級中學。右派的有崇德中學、中正中學，左派的有南洋中學。正當我為升學無望而愁眉苦臉之際，我的姨丈黃聯慶（三嬸妹妹的丈夫）伸出了援手，他寫信告訴嬸嬸，說他願意負擔我的學費，叫媽媽繼續給我升高中。我一聽，欣喜若狂，就興沖沖地跑到仰光崇德念高中了。

記得高二那年，美國第七艦隊造訪緬甸首都仰光，美國的政策是親台灣的。當時美國駐仰光大使館通知我們學校，崇德和中正高中部可以各派兩位學生代表，登艦參觀美國第七艦隊艦艇。很榮幸地，我被校長李幹新圈選為崇德中學的代表，這大概是因為我在崇德念書時很認真用功吧。崇德的學生來自緬甸各地，大部分同學的家庭經濟比較寬裕，只有我家最窮。所以我唯一能做的就是用功讀書，偶爾打打籃球。別的男女同學都過得很瀟灑，大部分在談戀愛；而我只有默默地讀書、再讀書。因此，我考試成績總是名列前茅，老是全班第一。高中三年，每學期老師給我的成績單，操行和學業成績都八十分以上，可謂品學兼優；校長給我的評語則是「英俊有為」。那是是我印象最深的成績單評語，給了我不少鼓勵，我因此而更加倍用功了。

當時崇德的師資都是頂尖的，校舍也比中正中學好多了。李校長選用以前日本大使館當作中學部，小學部仍在仰光市區三十八條街。但不幸的是，李校長不擅長理財。當我們念完高二時，學校經費維持不下去就關閉了，大部分的同學和老師都轉到中正去。中正中學的環境比較差，那時我們高、初中還得交換輪流使用教室，晚上睡覺都在教室裡把書桌合併起來，板凳腳翻起來掛蚊帳。仰光氣候炎熱，城裡衛生又差，所以當時外國人形容仰光的三多是：和尚多、灰塵多、蚊蟲多。我們往往睡到半夜，蚊帳坍塌了，第二天全身被蚊子咬得滿頭包，又癢又疼，箇中滋味只有身受其害的同學才知道。

中正中學是唯一的反共高中，還有另一間民眾中學也試辦過高中，但學生素質及師資都差強人意。我們念完高中唯一的出路只能是回台灣繼續升學，當時有許多畢業的同學都這麼做。我對台灣的政治大學很感興趣，尤其是政治系或新聞系；我也透過管道申請，政大也願意接受保送。可是台灣的規定是，每個回台升學的同學必須家長簽字才可以辦手續。我曾經為此努力爭取過，無奈我是獨子，母親她們不希望我到台灣念大學，只希望我畢業後學做生意，然後快快結婚。

我們全家逃到緬甸後只剩我一脈單傳。我想方設法去說服母親，可是怎麼樣說也說不動。母親已幫我安排到一位楊老闆那裡做學徒，他們是做生意的。我問母親我到他的商號裡做什麼？母親說照慣例只能做掃地、泡茶、洗碗、煮飯之類的工作，一點一滴地學習，以後才有機會學會做買賣。我當時一點興趣也沒有，但又不能太明顯反對母親和嬸嬸。

我唯一的辦法就是「拖」字訣。當時，當陽華僑中學在趙老師和一些有志之士的努力下，已漸漸成為一所完整的初中，先後畢業的同學也多了，在校長及師長的推動下，我們成立了校友會。當時，我應算是當陽的模範青年，所以校友會成立，就被選為第一屆校友會主席。趙老師和校長很欣賞我的才學與領導能力，所以董事會就聘我為最年輕的董事，負責管理發放所有學校的薪資及支出，也就是負責董事會的部分財務工作；學校若遇到老師請假也請我去代課教小學生。在同時，當陽大洪山也辦了一個小學，由樊老師當校長，後來也辦了初中，我也被樊老師聘請去客串老師教課。

記得我除了教小學生國文之外，還負責教初中一年級的數學及小學五年級的英文。我所教的部分學生，諸如黃正良、余麗娟等，二十歲後也回到台灣深造。余麗娟政大財經系畢業後，在板橋一間國中擔任教師；黃正良在森林部服務，還修博士。當陽校友會在趙老師的鼓勵下，我們還辦了一份《幼苗》半月刊，主要是以文藝學術交流為主。我曾任總編輯，《幼苗》半月刊辦得非常艱苦，我們是刻蠟板，用老舊的印刷板印刷的。當時我的得力助手有校友楊廣敏、俸煥文、王玄坤等；小學同學劉丹瑩、尹必蓮、楊蓮芬也幫忙不少。劉丹瑩是我們的班花，後來下嫁仰光駐丹陽情報人員，之後丈夫在當陽臘戎公路被叛軍槍殺。楊蓮芬後來嫁了坤沙的師長梁仲英，最後在泰北病逝。我們的《幼苗》半月刊是緬華學校的創舉，發行後也曾送到全緬各中學，例如皎脈緬北中學、東技華僑中學、瓦城光華中學、密支那育成中學、仰光中正中學等，後來因為經費拮据遂停刊了。

無論如何，在我一生中我特別感謝小學及初一的恩師趙一弘老師；他很幫助我，我的領袖氣質及領導能力應該感恩他的潛移默化及培養。趙老師是個一生為華僑教育界奉獻的好老師，他慘淡經營，不但創辦了當陽華僑小學、中學，還創辦了高中，培養出很多優秀的人才——如今在台灣的有馮長風副院長（感染科醫師）、陽明醫學院教授，還有黃正良準博士；此外，還有許多優秀的中學老師，諸如余麗娟、蘭汝蓮等數十位。

趙老師為了辦學，曾被緬軍監視過，也不時遭到有心人士的排斥誹謗。還好國軍連長出身的他，為了堅持原則，從不怕任何困難。趙老師後來為了自己子女的升學問題，遂回到台灣定居。剛返回台灣的初期，生活很清苦，子女又多，每人都要念書，他曾在台大福利社經營校園小雜貨店。後來年紀大了，申請到榮民給養，生活算是比較安定了。趙老師在小孩慢慢長大、大學畢業後，雖然年紀邁向老年，仍不忘情於教育。

他對我們回台的同學給予很多的幫助與支持，他唯一的心願是出版一本當陽華僑中學回憶錄。他自己也曾寫了一些校史報導，尤其他寫的有關傑出校友的事蹟，我有幸拜讀，印象深刻。晚年的趙老師經常生病，住榮總，都是由他的學生馮長風大夫代為安排治療。我曾多次到醫院探視老師，他每次總會提起出版當陽華僑中學回憶錄一事，念念不忘。他的傑出學生馮長風擔任當陽同學會會長時，也曾熱切鼓勵大家投稿，以便出版，但終因稿件太少而未果。如有機會，我也想結合諸多傑出校友的力量，來完成老師的遺願。

我雖然在當陽華僑學校及大同學校兼職，但最念念不忘的是想辦法回台灣升學；但是不管我如何哀求，母親仍堅持不准我去台灣而離她們太遠。而且我家的生活仍是在母親的辛苦縫紉及做點小生意下維持的，依然是非常的拮据貧困，我當時也很矛盾，究竟是否要放棄我的心願呢？

我能為國家做什麼？

我在當陽僑校服務了兩年，心想要從首都仰光飛回台灣升學是無望了。後來我聯繫上未撤台的反共救國軍、西盟軍司令馬俊國少將，當時他為了避免中共的進剿，帶著他的殘餘部隊將近兩百人，跑到當陽附近十多公里的萊莫山區域孟馬（傣族寨）棲息。馬俊國的副官撒四經常出入當陽為馬部採買生活用品，主要是主食油米醬醋。

撒四與我聯繫上後，轉告了馬司令的話，他說馬司令非常瞭解我們的處境，並希望我到他的流動司令部那裡一晤。在此，我先說明一下為什麼馬俊國會與我們搭上線？因為他知道緬甸華僑學生們生活苦悶，緬甸政府將關閉僑校，緬華學生都想赴台讀書。所以他精心設計利用興華學校名譽在緬甸招生，到興華學校讀書的學生都免費供應吃、住，還有機會送回台灣升學。這對我們吸引力太大了！

記不得詳細的日子，馬司令的副官撒四已安排好，我就帶著我的好友明增壽跟隨他，於上午約八點左右從當陽出發，往當陽西北偏北方向行走。我們走過當陽河便橋，穿過稻田壩，經野鴨水塘往萊莫山（坤沙的家鄉方向）。後又經過邦榮小寨，走了約兩個多小時，過了那六傣族寨，撒四把我們帶往降廷良的師部。

所謂的師部也是駐紮在傣族家裡，降師長和他的副官熱情地歡迎我們。降師長年約五十歲左右，個兒短小精幹，他的經歷未詳，我在他的師部除了看到五六個士兵外，什麼也見不到。後來才知道降廷良原是五軍的人馬，脫離段希文部投靠馬部擔任一個師，正準備招兵買馬，但也沒有發展；後來與馬俊國也合不來，又離開了馬部，投靠到第三軍李文煥部隊去了。

降師長熱情地招待我們吃了午飯，雖然沒有什麼好菜，但我們吃得特別甜，就像我們念書時到郊外野餐一樣。降師長一面吃、一面對我們說了些鼓勵的話，飯後我們辭別了降師長。之後，馬司令的副官暨聯絡員撒四，帶著我們繼續往西北走，約略走了一個多小時，我們抵達了一個傣族村寨叫那馬。那馬就是馬俊國部暫時歇腳的司令部，馬司令早已在村口等候。他熱情地歡迎我們倆，我們和馬司令握手寒暄。他介紹了他的參謀羅士傑、營長李正（馬司令的弟弟）與我們認識，並帶我倆步行走向村裡。

我注意到村子裡住著大概幾十個游擊隊員，馬司令也是住在一間比較寬敞的傣族家裡。馬司令十分熱情地歡迎我們的到來，他特別強調說知道我很優秀、號召力強，同時希望我回當陽後向緬華各界串聯，發起讓同學來興華學校就讀，然後他會再設法把這些學生送回台灣升學（馬俊國所用的招兵手段，只不過是個騙人的花招。以後事實證明，他一個學生也沒有送回台灣）。我和明增壽聽了十分興奮。馬司令又和我們閒話，聊家常，並招待了豐盛的晚餐，陪同的有他的內弟木成武師長、翟恩榮副師長，大家賓主盡歡。

晚飯後，馬司令把我叫去單獨會面。他告訴我，要為我成立一個小組叫「別動組」，由我擔任組長，任務是：

一、聯絡緬甸華僑學生前來興華學校讀書。

二、蒐集緬軍動態情報及一般僑情，小組由他發給百元的經費，實報實銷。

在興奮中我自然地滿口應允，內心想這下可以找到回台灣升學的行徑了（殊不知，我也被騙當了十多年的游擊隊，不要說回台升學，連回台接受軍事訓練的機會來了，馬司令也不放我走）。

在這裡，我略微介紹一點我所知道的馬俊國：馬俊國，雲南順寧人，黃埔軍校昆明分校十六期結業，曾在國防部作戰科任職。曾任昆明雲南部隊高射砲團連營長，團長姓木是他的岳父。據順寧一位前輩王希天告訴我，他所認識的馬俊國，在雲南解放前也是賦閒在昆明。解放後，馬俊國和他的堂兄王畏天跟隨文興洲大隊長逃抵緬甸游擊區。王畏天後來擔任第五軍軍長段希文的副軍長，馬俊國後來調往江拉總部的柳元麟反共志願軍裡擔任參謀長。因為他是陸軍大學結業，後來柳元麟發布他任西盟軍區滇西行動縱隊司令。

第二次撤台前，他奉命在滇邊滄源西盟邊境一帶活動；撤台時他趕不上，只好留在緬北活動。後來，為避免共軍追剿，他只有遠避在萊莫山附近的那馬，希望趁機招兵買馬，擴充實力。馬司令留我和明同學在他司令部留宿一夜，當晚，由他的參謀羅士傑給我倆講習如何發展工作、如何蒐集情報等，還叫我倆入黨，並舉行了簡單的入黨儀式。第二天一早，馬司令一樣安排撤四帶我們回當陽。馬司令表現禮賢下士，又帶著羅參謀及李營長送我們到村口，臨別時他緊握我的手說：「我對你的期望很大，加油……」

我們順利地回到當陽，第二天我即展開活動。召集了楊雲善、楊廣敏、楊國先、楊星善、賈生龍、楊積川、李曉明、都是我最要好的校友，邀約他們參加我的組織。當時，楊星善剛從中正高中畢業，並取得保送回台就讀國防醫學院資格；楊雲善（楊星善之大哥）也在仰光中正高中畢業，楊廣敏在當陽華僑中學畢業，他們兩位在華僑學校當小學教師；其餘幾個，包括明增壽等，大家都已不念書，也沒有事做，自然更積極地參與組識。我們九個人就變成馬部別動小組的成員，我負責指揮策畫展開向全緬串聯，同時把帶出來的興華學校招生簡章向各地派發，我也利用小組經費全力活動。

順便一提的是，我離開學校快兩年了。我是獨子，家裡一脈單傳，母親、嬸嬸都關心我，希望我早點相親結婚。但老實說，我讀書時從不曾談戀愛，出了社會又一心想回台灣，更何況還年輕，完全沒有事業及經濟基礎，當然不熱中相親結婚一事。那時候，當陽社會還是傳承著古老社會的習俗，有很多關心的親友長輩，很熱心替我介紹。雖然我家庭貧窮，但我品行端莊、學業優秀，不抽煙、不賭博，很多女孩子都會喜歡我。

但我一點結婚的心思也沒有，又不能公開激烈反對母親、嬸嬸們的意思。當時，我有一位同班同學的妹妹劉小姐，她可是大戶人家，是當陽的首富。她的姑姑與我母親非常之好，就大力介紹劉小姐給我。我們雖然認識，也算是學妹，但我們連話也沒有講過一句。她的姑姑和我母親，未經我的同意就向她家提了親——當時在那半封閉的社會，媒妁之言非常流行。劉小姐及其父母都同意了，母親不久就要正式遞提掛蘿（訂親禮俗），幫我提這門親事。我正考慮著要如何表態這件事，但還來不及處理，我的小組已被當時緬甸政府的情治單位注意了。至今，我仍不知道從哪裡走漏了消息。

踏上異域軍團的不歸路

我的住家很窄，只有一個小房間，而且位置正好鄰著大街。母親把門面當店舖，僅留後面一個小房間，一家老小就擠一張床。當時我為了在董事會服務及代課的方便，住在學校宿舍裡。我和楊廣敏共住一個單間，兩邊是教室，中間用木板隔開。居住環境不錯，空氣採光都好，很方便自修及工作。有一天上午，當陽緬甸方面的情治單位人員三人，跑到學校我的宿舍來檢查。

情治單位人員搜不到什麼證據（他們早有消息知道我與反共游擊隊有關係，但一面因為我年輕，背景單純，若搜不到證據就沒法逮捕我），就懷疑我有通訊器材與游擊隊聯絡，所以特別留意木板隔間，希望有所發現。但我哪裡會有通訊器材呢？我與馬司令聯絡都是用密信往來，所有信函都交由撒四或他指派的交通員傳遞。因為我在皎脈緬北中學、仰光崇德中學、中正中學念過書，所以校友遍布緬甸各主要城鎮。而我行動十分積極，串聯工作做得很成功。當時，各地的同學都與我聯繫，並幫忙我宣導，短短幾個月我已聯繫了上百的校友願意到我們與華學校來升學。至於緬方及有關華僑社會動態情報，因為缺乏蒐集經驗，所以談不上什麼績效。

我把緬方已開始注意到我的情況及時報告了馬司令，並請示他如何應對。因為我隨時有可能會被緬方逮捕，馬司令指示我見機行事，如果生命有危險，就上山到司令部報到。有一天，一位與緬方情治人員略有關係的朋友，突然告訴我，緬方已準備抓我去審問，何時開始行動未詳。我接到這消息，立即召集我的小組成員集會商討應變，大家都認為，我們很難繼續在當陽活動了，情況越來越緊急，該是採取行動的時候了。

我和我的小組成員，另外加入了三位女同學楊太芬、尹雲芳、尹文秋，及一位男同學明正中（他是我們籃球校友隊的健將），最後選定了上山的日子。我默默告別母親，對劉小姐也沒有多做交代，就這樣黯然離開了當陽，現在回想起來很愧疚。

我們事先與馬司令聯絡好，仍由撒四帶隊，十幾個人帶著滿腔熱血，直奔馬司令的那馬總部。我們到達時，馬司令早就與幹部，包括木成武師長、翟恩榮副師長兼二十八團團長、羅參謀、馬參謀、那參謀、李營長等人，隆重地歡迎我們。馬司令特別加菜，讓我們吃了一頓豐富的晚餐。餐會上，馬司令致上歡迎詞，大意是西盟軍區有了我們這批生力軍加入，軍區的壯大指日可待。就這樣我們滿腔熱血，投筆從戎，參加了反共游擊隊。

當天晚上，馬司令請那副官給我們發了簡單的被服，就是兩小件棉毯、每人一雙大陸生產的回力半截球鞋、兩雙襪子、一個水壺，另外一條米袋（米袋是用粗陰丹士林布縫的，裡面灌滿了米）。我們沒有枕頭，就用米袋加上外被做枕頭。我們也沒有蚊帳，傣族的家大部分是用茅草蓋頂的，一般是兩層屋，全部用竹子建造。包括地板、圍籬、隔間、梯子等都用竹子。傣族人只使用樓上，樓上一般只有一個隔間，沒有門，大部分是用個門閂；一家老小就睡在竹板上，沒有床。大部分枕頭是用竹筒做的，男女老幼，包括夫妻，都睡在一塊，最多是用蚊帳遮蔽，新婚夫婦也不例外。他們相處和睦，包括待嫁的大閨女也與兄嫂睡一塊，一點也不尷尬。除房間外，三分之二地方做為客廳、餐廳，每家中間都有一個小火膛，燒茶、做飯、圍爐全在那裡。

我們十幾個人也同睡在一個較寬敞的傣族家的竹板上，連蚊帳也沒有。傣族的樓下是空的，大部分用做牛欄，那些牛糞、牛吃剩的草混在一起，蚊蟲特別感興趣。我們大部分同學，到了半夜，不知道是太興奮，還是蚊子叮得厲害，大都睡不著。臨睡前，馬司令的傳令兵來通知，明天早上六點有「早點」要早起，有幾個同學很感新鮮、很高興，認為真不錯，在這荒城裡的窮村寨還有早點可以吃。殊不知，第二日天一亮，聽到起床號了，大家暈頭裂耳，睡眼惺忪地爬起來，趕忙去集合——但哪裡有早點？所謂的「早點」，其實就是早點名。後來，這件事在新來的同學裡傳為笑話……

我出任及退出教導團的始末

我們上山後，立即向各地發出召募訊息，先後由密支那、瓦城、仰光、臘戍、當陽投奔我們的有上百位的同學。馬先生對我們說，為了我們的生命安全，為了有備無患，希望我們接受一些基本訓練（也就是新兵入伍訓練）。

他把我們編成一個集訓隊，對我們施予新兵訓練。內容有步兵操典、兵器使用等基本教學。同時，為了不荒廢同學的學業，雖然沒有教材，但那時馬部有一套書叫《新東周列國誌》，我們就用山區包鴉片的草皮紙充作稿紙，抄錄東周列國故事裡的精彩片段，作為學習內容，大家也都讀得津津有味。

我們集訓隊的學生平均學歷都是初中以上，而《東周列國誌》裡的故事片段卻是語體文、近古文，文字十分精簡，需要講解。我們輪流由國文程度比較好的同學主講，大家都要背誦。當時我們的作息正常，而且都很用功學習，幾個月下來，進步十分明顯。

經歷三個多月訓練下來，大家都算是有了基礎，馬先生也從部隊裡撥發給我們部分武器自衛，有衝鋒槍、卡賓槍等。我們也按部隊規定，二十四小時輪站衛兵。但是，來後四個多月都沒有發生任何狀況，緬甸各地前來參加的學生越來越多，名聲越來越響亮，這也引起了緬甸政府的注意。

我們這批學生上山前來馬部後，馬先生用流亡學校的形式，一面複習功課，一面施予基本軍事訓練。結業後，馬以時局動亂，台灣一時無法聯繫支援為由，把我們組成了西盟軍區的獨立教導團。

馬司令也把我由別動大隊長升為教導團團長，由明增壽擔任副團長。馬要求我要把教導團組訓為允文允武的特戰部隊，因我團的成員平均學歷均在中學以上，大部分都很優秀，愛國心及向心力也都很強。

教導團成軍後，我除了灌輸官兵們政治思想，以國家、榮譽、責任及民族思想為重點外，特別加強小部隊特種作戰訓練，例如背負重背包日夜行軍考驗官兵耐力，以及游擊戰訓練等。因應上級要求，團部組織除了參一人事、參二情報、參三作戰、參四後勤編制外，我團還要專為大陸工作，諸如突擊、破壞、情資蒐集、心戰、布建策反等工作。

當時我們的裝備很陳舊，槍械武器只有卡賓槍、衝鋒槍、41式輕機槍、A6式半重機槍，六〇迫擊砲、木把手榴彈外，什麼M16、57平射砲、擲彈筒也沒有。我們除了靠老舊的收發報機用密碼和司令部聯絡，作戰時連報話機也沒有，全靠人員傳令或以信號彈、學鳥叫鳴或敲打竹板聯絡。

我們有許多任務及戰役，是正規軍不能打的：我們的活動所在是原始森林、崇山峻嶺，沒有道路，全靠雙腿行軍；我們更沒有飛機、大砲的支援，官兵負傷中彈只有就地用土方法醫治，一切聽天由命。當時我們的特戰隊員執行祕密任務時，必須具備外科醫生的冷靜，會計員般的細心，科學家的頭腦，冒險家的精神。

我團的作戰範圍與目的是雲南邊陲滄源、孟連、瀾滄等地區為主戰場，而我們游擊攻打的對象自然是中共部隊。在一九六四年至一九六八年間光武部隊尚未成軍時，段希文之滇游第五軍、李文煥的第三軍，自反共救國軍二次撤台後，與台灣斷絕了關係，他們只有靠經商做鴉片生意自行維持軍費。

斯時馬俊國部隊因兵力薄弱，無法與三、五軍爭地盤做生易，馬只有無奈地接受台灣情報局利用指揮，在滇邊做一些對大陸的工作；而馬俊國所受命的工作又全部交給我團在前線執行。當時我團的前進基地索牙江畔之卡博，僅距離中共邊防部隊兩三個小時的距離，所以所有西盟軍區滇西行動縱隊的工作、目標的偵查與計畫的擬定，均由我團來做。

我們除了心戰宣傳之心戰報及專勤派遣可以先做後報以外，區內之突擊破壞均需擬定計畫以後，以無線電發報司令部再轉呈台灣方面批准後，才按計畫訓練執行。工作執行後再以電報報告及檢討執行經過，說實話，我們的小部隊對共軍的襲擊，真是以卵擊石，大部分是我們被包圍、犧牲慘烈、棄屍荒野。

我們和共軍戰鬥，大部分時間也是採取毛澤東的游擊戰術，也就是敵駐我擾、敵進我退、誘敵伏擊。尤其，我們因為彈藥缺乏，往往是五分鐘射擊，十分鐘結束戰鬥。因為我們是機動游擊，敵明我暗、伺機出擊，所以共軍對我們很頭痛，覺得防不勝防。我團在滇邊活動的時間裡，盡量避免與緬甸政府軍衝突，有時甚至會暗中與之溝通合作。

當時我們用緬文向當陽地區之緬軍旅長貌埃（該員現在已經擔任緬甸軍政府的副總統）通信，聲明我部在緬北只是借土養命。我們充分愛護當地百姓，有時幫助當地農民耕種，並免費對當地人民提供醫療資源，因此深獲當地百姓的信賴與好評。

常為我團的安全提供消息的緬軍三十三團駐卡瓦山的部隊，也與我們河水不犯井水。我團之官兵因多是緬甸僑生，精通緬甸語言。記得有一次我團行軍到邦養，我們還與緬軍進行了排球友誼賽。當時緬共兵力薄弱，對我團也不敢採取軍事行動，反而我們在滇邊還可幫助緬軍阻嚇緬共對緬北的騷擾呢。

我團官兵雖然待遇低微，每月主副食只有兩個銀幣（又稱老盾，是緬甸卡瓦山當地的一種流通貨幣，每一個老盾約折合台幣四十元）。每位官兵的零用金只有兩個老盾，但我戰士愛國心強，為了反共聖戰，大家都能吃苦耐勞，一切犧牲在所不惜……

一九六五年，台灣為了確保台、澎、金馬基地的安全，並隨時伺機準備反攻大陸，台灣國防部情報局，為策應加強對大陸西南邊陲之心戰及行動工作，擬定了一個「苻堅計畫」。經蔣經國批准，擬在泰緬金三角，再建立一個以二千人為目標的情報特戰部隊。該部隊選定當時在泰國一九二〇區的區長鄧文襄，負責籌建組織。當時鄧即加強與馬俊國聯繫，以我團在泰北闢建的格致灣基地設置指揮部。馬俊國為了該部之出路，尤其是經費的支援能改善官兵待遇，於是馬同意接受一九二〇區鄧的指揮。

據說當時鄧只是上校，而馬俊國是少將，台灣方面也將鄧升為少將，以利指揮。鄧將軍第一次前來馬亢山格致灣基地視察，只有我團駐防。也由於此一原因，鄧在檢閱了我團後對我印象深刻。

一九二〇區籌建光武部隊時，我團奉命第一批接受改組，縮編為一百一十五人的一個特戰中隊。我中隊在接受整訓後，又奉命北上緬北執行大陸工作。我隊出發前，鄧區長還特別來送行，對我特別勉勵、期許嘉獎。我因多年來在滇邊與共軍鬥爭，已具備各方基礎，北上後繼續執行了多次對共軍的突擊破壞，也伺機執行了情報蒐集、心戰宣導及專勤派遣，更增深了鄧將軍對我的肯定。

我團被縮編後，雖然官兵待遇有所改善，每位士兵，每月有三百五十泰銖的薪水。但我團原有幹部被馬俊國調動不少，我們的階級職務似乎又從頭幹起，我團的女政工隊也調離，大部分去學習無線電收發報通訊。多年相處的弟兄姐妹各分東西，大家都悵然若失。

光武部隊的敗筆政策在於：分為基本人員及聘用人員，而且原來在緬北吃苦賣命的官兵，與台灣派遣來和我們同一個階級職務的人員，這其間的待遇相差了幾十倍，造成了我們心理的不平衡。尤其是，當我們得知，我們已變成臨時傭兵，我們基於愛國、相忍為大局，在無奈之餘，只有忍耐再忍耐，但我們報國的熱情已大減，原有的凌雲壯志已被折磨得蕩然無存。

台灣方面，制定此一愚昧不公平的制度，實為光武部隊的敗筆。雖然部分台幹也覺得不公平而愧對我們，但他們不敢違背局本部的決策，也沒有一位區長代我們爭取。雖說，台灣方面也許是對大部分的少數民族管控信心不夠，以至於有此決策，但對我們這批愛國及戰技不輸台派的基本人員而言，我們乖乖服從命令似乎反而變成了傻瓜。我們內心的不平怨氣日積月累，使得我們再也不願為沒有價值的戰鬥拚命了。

就在幾年後，情報局裁撤解散了我們這支部隊，還把一部分官兵撥交販毒的昆沙（張奇夫）部隊，讓我們沒有了家，也沒有了國。我們對國民政府府如此無情的遺棄我們，這種過河拆橋的行動，十分絕望。當局的決策，讓所有的傭兵變成了十足的異域棄卒，我們當時每個人心裡都有個大問號：今後將何去何從？

話說回頭，當馬俊國部被改編為光武部隊以後，他雖心懷鎖隊的自私心態，表面卻不得不虛與委蛇地接受一九二〇區指揮。但由於疑心病太重，他絕不接受區部派遣台幹進入他的大隊工作。他身邊獻計的參謀，只有他的內弟木成武、親么弟李正等，他專制固執、我行我素，在他的指揮部裡，他喜歡用的大部分是奴才。

一九七二年初，他看到不受台灣指揮節制的三軍李文煥、五軍段希文部，大量經營鴉片生意發了大財，因此眼紅心羨，更加感受在光武部隊混下去全無前途及利益。於是他未與我們這些幹部討論，即行電示我，從三月份起，三大隊所有官兵每人剋扣薪餉一半作為經營生意之用。他評估區部知悉也拿他沒有辦法，更加一意孤行，有恃無恐。何況，光武部隊一、二大隊加起來的武力也不是他的對手！至於台灣國防部，更是山高皇帝遠，鞭長莫及。同時，光武部隊在泰的活動，對泰方全用他的名義統籌，區部為了面子及現實情況，也不會與他翻臉。

我在前進時接到他的電令之後，真是晴天霹靂。我思考，這行動違背了我們投筆從戎報國的初衷，一旦我們變成了走私販毒的部隊，我們所有流血流汗的戰功，將被國府及各方愛國的華僑否定與唾棄！

我在失望與矛盾中苦思了幾天，最後決定絕對不能帶著我的弟兄跟著馬俊國走私販毒。於是，我打算把此一資訊設法呈報區部。但我的電台不能和區部直接聯絡，只有派我的副隊長到五十一站代發電。結果，我得到區部的指示是，叫我祕密監視馬俊國，繼續虛與委蛇。但區部不瞭解游擊隊的生態及實際狀況，此一辦法絕對行不通。我的心態及行動遲早會被馬發覺，屆時以馬的作風及性格，他可以以直屬上級長官的方便，假裝調我赴大隊部開會，再祕密差人在途中伏擊制裁我。

我報告區部，對我的指示行不通，另外要求讓我能以獨立中隊或緬方自衛隊的方式繼續執行大陸工作。然而，此一建議也未被區部採納，反而指示我帶部隊向一大隊報到。我把部隊完整地交予五十一站後，心中對於游擊工作已經感到心灰意懶。我深知若繼續在光武部隊服役，因區部礙於不得不用馬俊國之故，我的處境勢必相當尷尬，也無前途可言。這時我的心已不在部隊了，自然也不會再為台灣方面賣命。過了不久，我就請長假，瀟灑地離開了部隊。

馬俊國為了我部之離開，大大地削弱了他的戰力，因此相當憤怒和感慨。他沮喪地對大隊部的幹部說，他本來一心想培養我做他的接班人，想不到我會背叛他。但馬不知道，我們都是知書明理的戰士，絕不能跟隨他走私販毒。我率部離開後，據事後在馬指揮部的X參謀告知我，馬當時曾召集他剩餘的部隊，研議全力圍剿我隊。但其他中隊的中隊長翟恩榮反對，他們評估，對我採取行動未必會成功。因我隊在馬部，是戰力最強且最有戰鬥經驗的一個隊。

馬無奈之下，只有派吳茂松前來暗殺我；因吳是我的學生，比較容易接近我。吳隻身以學生身分到了我部，看到了我防範之警覺性，遂不敢也不能下手，而黯然離去……

兩年之後，我為經營翡翠生意赴泰北清邁經商，李文煥軍長派員保護我，還有翟恩榮副師長的內弟范明仁部隊長也主動負責我的人身安全，讓馬不敢對我輕舉妄動。我很感謝李文煥的義助，自此以後我就可以平順地出入泰國做生意了……

◀五軍營區，軍民一家

第三部　我在台灣的點點滴滴

一個熱愛國家民族的僑胞青年，懷著濟弱扶貧的心願，立志救國救民，多年來奔走於兩岸，為此理想而艱苦奮鬥。最後，這滿腔的熱血誠心，卻被無情的現實幾乎摧殘淨盡。回首徒勞的一生，只有感傷！只有無奈！

被國民黨推薦參選不分區立委

二〇〇〇年九月，我因公司的事，到北京接洽商務。某天下午三點左右，我正和昆明的一位好友在北京南池子解放軍的招待所內一起，與解放軍李大校見面。大家正談得高興，突然我的手機響了。我拿起手機一看，知道是台灣打來的長途電話。

「喂，你好，請問哪裡找？」我對這個電話號碼很陌生，遂好奇地問。

「我這裡是中國國民黨祕書處。連主席交代，希望你回台灣來參選第四屆不分區立法委員，大後天提名參選就停止報名了，希望你趕回來登記。」

當時，我也莫名其妙，不知道打電話的是誰，因此就先回說：「謝謝！我盡量努力，不過我現在人在北京。」

掛了電話後，李大校（現已升任少將）和楊先生異口同聲問：「什麼事？」我把電話內容告訴他們後，他倆異口同聲地說：「尹大哥，這個機會不能放棄！」李大校更熱情地說：「我馬上派人幫你買票訂位子，你明天一早飛到台北還來得及。」我婉拒了他的好意，回答說：

「謝謝！機票的事我自己來處理。」

昆明楊先生在李大校離開後，送我到航空公司買了全額的單程機票，記得是人民幣三千多近四千元。第二天一早，李大校派他的司機送我到北京國際機場。我懷著莫名的興奮及憧憬，由北京首都機場起飛，經香港轉機飛回台北，到家時已是傍晚六點多，已過了辦公時間。

第二天早上九點，我就到了中山南路的中國國民黨中央黨部辦事處，領了表格，填完詳細個人資料後，還須找一位現任的中評委及中常委當推薦人。這規定令我傷腦筋，臨時我到哪裡去找呢？我雖然在連戰先生參選總統時，曾策畫全球的歸僑後援會事宜及擬定計畫並擔任副執行長，因此跟連先生略有交集；但連先生是黨主席，不可能也不便推薦；雖然也認識幾位國民黨的中央委員，但談不上交情與瞭解，我找誰呢？

後來想起中天電視董事長簡漢生先生，他是我們雲南同鄉會會長；於是，我趕緊到基隆路的中天電視台找他。當時簡先生正在開會，還好他的祕書認識我。我說明來意後，他請我稍等，然後拿著我的表格進了會議室。等了約三分鐘，他出來把表格交給我，說簡董事長在開會，不能出來接待，但表格已簽好。

簡先生是當時國民黨中央評議委員，他擔任過僑選立委、台北市黨部主委、中國國民黨文工會主任等職，我很感謝他的及時支援。接著，我便拿了表格又趕回中央黨部遞交資料。祕書把我的表格接過去，仔細看了一下，對我說：「尹先生，謝謝你的熱誠參與和支持，我看了你的學經歷及推薦簡介，你會被安排在不分區黃復興黨部代表內競選」。他同時特別強調說：

「尹先生，你對黨國的貢獻，不亞於任何角逐軍中代表的每一位參選人。」

但後來有人告訴我：「你很有希望，但你應該向九人決策小組活動活動。」我問：「要怎樣活動？」他說：「我不便說了，總之你要自己向他們打個招呼！」我聽後心裡明白了。我是一個弱勢的小市民，雖然在異域金三角曾領導反共健兒，為國家拋頭顱、灑熱血多年，我們的犧牲奮鬥及戰績，曾受黨國表揚；國民黨十全大會時，我團在最前線滇緬邊區，策畫對區內瀾滄、孟連邊境執行三回突擊、兩個爆破行動案。在同一國境線，同一個時間執行實施，那次我們做得轟轟烈烈、震撼邊境，但我們也犧牲了許多優秀的官兵，譬如我的一位藺汝剛中尉分隊長及其兄弟們全隊都犧牲了。國民黨十全大會上，我的司令官馬俊國曾專誠直接由泰國飛到台北做敵後英雄代表，向國民黨十全大會把我們在邊境同一線、同一時間執行的三個突擊、兩個破壞案的執行經過及執行成果向大會報告表功。

但不知，當時與會諸公代表當中，能有幾位可以真正體會到，我們在做前線敵後的艱苦犧牲。當時我們明明知道執行任務往往是九死一生，但我們的官兵們仍不落人後地爭著去執行這艱巨的任務，爭著去犧牲，那種精神真不亞於黃花崗七十二烈士啊。現在事隔多年，我們已變成異域棄卒。國民黨的九人決策小組，有誰知道或重視我們的血淚故事呢？又有誰知道該次的英勇悲壯事蹟是由我一手策畫、領導的呢?!

我知道我沒有能力去打招呼，更不屑活動，我就是這樣的軍人性格。就這樣，我默默地靜待國民黨中央的九人小組的決策，其結果可以預估，我不過是扮演了國民黨所謂公開、公正、公平評選的小丑角色。事後我接到了一封黨中央的官式文章，也就是國民黨中央黨部的大函，大意就是安慰安慰，什麼台端學經歷皆優，但可惜名額有限，真有遺珠之憾之類。當時所謂的提名公開等實際只是黑箱作業的表面工夫，我只有不平、不屑、無奈地默默接受。

自行參選二〇〇四年立委的始末

我雖然是一個平凡的人，但我的遭遇卻不平凡：我的家庭經歷過中共政權的清算鬥爭迫害，而使我們全家逃亡緬甸。我自小懷著所謂的國仇家恨，又接受過反共學校的思想教育，我懷著遠大的理想抱負，立志一定要苦學成功，努力做大事。在回台升學的夢想受阻後，我毅然投筆從戎，在艱苦的戰鬥歲月中，三十歲不到就官拜團長、前線指揮官。當時，我對許多將領，諸如李彌將軍、陸軍總司令孫立人將軍的風範，莫不心儀崇拜。我夢想著：「別人能，我也能！」可惜，我心有天高，但命如紙薄。當年，由於台灣當局的錯誤決策，讓我也淪為異域棄卒。

後來我在僑居地緬甸經商，從零到有，我熱愛國家民族、熱愛僑胞的赤忱初衷不變。我服務僑界，改組並創新雲南會館，努力為僑民謀福利……

一九八八年八月八日，緬甸軍政府鎮壓槍殺平民學生，沒收華人財產、關閉僑校、緬鈔作廢，我又一夕之間從有到零。

一九八九年，好不容易以僑領身分申請回台定居後，我在台灣赤手空拳，靠著做苦工謀生，從建築雜工、水泥工、搬運工、計程車司機、守衛等等到公司經理，再到自營公司，甚至一直到參選第五屆國民黨不分區立委落敗，我救國救民的理想抱負仍未磨滅。可惜的是，我的壯志至今未酬。

我時常感嘆，台灣在李先生及陳先生執政之下，徒勞地空轉了十六年。這期間，台灣政經下滑，失業率遞增，優勢不復存在。可以說，我們每一個熱愛台灣的老百姓，已看不下去了。我更看不慣陳水扁領導的政府，官商勾結，貪污腐敗，台灣二千三百萬同胞民不聊生，貧富差距越來越大。這樣的感慨，使我萌生了為民喉舌、為民發聲、為台灣及海內外同胞謀福利的念頭。

我知道國民黨不會提名我，所以就自行登記參選第六屆區域立法員。我的選區在台北縣第三選區——中和、永和、新店、石碇、深坑、烏來。尤其在新店、中永和有很多華僑，當時國民黨可能評估，大部分歸僑票可能會投給我，這樣就會影響到他們提名者的票源。期間國民黨中央，曾派黨部方先生前來與我協調兩次，叫我退選，條件是下次國民黨會支持我選議員。我婉拒並答稱，我是要為全國百姓發聲把關，我要進入國會結合有志之士，修法、立法為百姓謀福利，我志不在議員。

雖然，我知道憑我的經濟基礎，平時又沒有耕耘，只不過在海外東南亞、緬泰僑界略有聲名，要當選談何容易？我在僑界的服務熱誠，相信是有目共睹的。尤其是我在緬甸擔任過仰光雲南自由青年會的理事長，也在緬甸僑界做過許多為僑民謀福利的事：諸如台灣第一次到緬甸聯招時，我曾擔任過聯招委員的主任祕書，我們保送了許多僑生來台升學。

我當時的競選重點，主打的形象牌是：我曾領導華僑青年軍，在異域金三角滇緬邊區從事反共戰鬥活動；我當時官拜團長，浴血異域，為國流血流汗，堪稱異域英雄；我眼看中華民國很快就會被民進黨及台聯黨陰謀「消滅」掉，中國國民黨也一蹶不振，為了救黨、救國、救民，所以我不自量力地站出來。我抱著明知不可為而為之的精神，拚搏一試；瞭解我的朋友也有很多支持我，所以我打著「異域英雄，捍衛台灣」的主軸宣傳，籌備競選。

也許很多人都會莫名其妙地認為我為什麼有勇氣選立委，又沒有政黨的支援，會選得相當辛苦。我是自行脫黨參選的，但國民黨也沒有要求我退黨；如果我退黨，我會召開記者招待會，說明一切。我這個資深及為黨拋頭顱、灑熱血的老黨員如果退黨，對國民黨的形象肯定會大有影響。

二〇〇四年時，國民黨在行情上也不為百姓看好，他們提名的參選者，自己也選得很辛苦。我因為完全沒有選舉經驗，也沒有一個具備選戰經驗的人來助我一臂之力，加上我的經濟能力薄弱，只好自己成立一個競選團隊。競選團隊的成員有我公司的同事，也有我異域戰友，比較多的是泰緬孤軍後裔在台求學的僑生，他們連身分證也沒有呢。我自己連里長及市民代表都沒有選過，一下子跳出來選立委，很多人都傻眼了。我不但沒有經驗，更沒有經濟來源。

該年十一月的某日，我們策畫在台北市三軍軍官俱樂部，舉辦一次募款造勢餐會，席開五十餘桌，到場參與支持的有我以前的長官、同事，也有同學和僑胞鄉親。大家熱心、全力支持我，在舞台上貼著「忠義救國」四個大字，我在異域的長官同事，諸如忠義同志會龐將軍靖宇會長、前情報局翁中將衍慶副局長，他們都上台演講為我背書打氣。中和玫瑰城的舞蹈歌舞團、大洪山抱冰堂之舞獅團等也都做了表演，三個小時的餐會還算開得熱鬧成功圓滿。但由於經濟不景氣，我的募款成績不佳，連餐會的費用開支都不夠。

第一次鄉親造勢大會之後，我先後在忠孝東路四段五十九號及中和華新街成立了競選辦事處，有很多朋友，還有緬甸僑生幾十人前來幫我的忙。我們設計文宣，也租了宣傳車，整天在選區活動造勢，我的選區很大，每天早上七點集合活動，一直到晚上九點停止。

兩個多月跑下來，人力、財力花了不少。最頭痛的是，選區內很多社會團體辦活動邀請你，那種應酬送禮花費不貲。選到最後，我不但身心俱疲，更嚴重的是我彈盡糧絕，只好靠銀行借貸支持。我也曾試著向財團及知名企業主求援，但因為我是弱勢加上毫無名氣，沒有一個財團願意理我及支持我，但選戰到最後關頭，我像打仗一樣一發不可收拾，眼睛也殺紅了，已變成騎虎難下的情況。

我在參選的時候發現到，不管是哪個區，都形成了藍綠對決的場面。雖然《蘋果日報》網路調查，我接連兩個月高居第一名，但我的心裡有數，我們中間選民參選者是沒有空間的。有些僑胞及好友甚至直接告訴我，他們沒有辦法投我的票，他們不能讓泛藍輸掉選舉。所以，選到最後我只能是打鴨子上架，硬撐了。我勉強活動到最後一天晚上，一切只能聽天由命。

在選戰中，有些老兵當街向我下跪，要我一定要救救老兵，為他們謀福利。有些選民看了我在公視所辦政見會所發表的政見：「我以民之所欲常在我心，我出身基層，深知民間疾苦、百姓需要，我主張三通，我反對以六千多億去購買軍火，我要照顧弱勢老弱殘障，我要為百姓爭生存，我要為歸僑謀福利，我要為僑生爭取公費及身分證，我要為緬甸申請引進外勞，我要照顧大陸及外籍新娘……」

在我掃街活動時，碰到很多選民告訴我：「以你在公辦政見會提出的政見，不但可以選立委，還可以選總統，你當選立法委員應該沒什麼問題。」然而，他們所說的話也只能當作是一種安慰劑。因為，第二天票開出來，我得到的選票少得可憐，全部不到三百票，這對我來說也許是意料之中，但也是一種強烈諷刺。

有人告訴我，台灣的選舉，尤其是立委的選舉，你既沒有錢也沒有權，就算國父孫中山先生回來也選不上。敗選後，我寫了一封簡短的感言。我在選舉的時候，家人十分反對，尤其是我的妻子，她擔心我會負債累累，害一家人無法生活。但我又很執著，我的軍人性格是要做的事一定要做，不聽勸阻。後來我們夫妻關係失和，太太還請了幾位證人，要我寫下保證書：如果我堅持要選，負了債絕不能連累家人。直到現在，我太太還不能原諒我。誠如她所料，我敗選了，負債累累，一籌莫展，銀行的信貸也無力償還，每天都收到催討的信函，真讓我家人妻小不堪負荷那種壓力，我為此事內疚不已，但後悔也已於事無補。

敗選了我該如何生存下去？台北已沒有我生存的空間，我這個年齡也不可能上班賺錢，我唯一的辦法是到大陸找出路，重新出發。可是沒有本錢，甚至連路費都沒有；選前銀行可以貸款，敗選後因為你的還款都不正常，自然銀行不會再貸款給你。稍有點經濟基礎的親友，你敗選後吃喝還可以，如果發現你想打秋風，就會避而遠之。

後來，還是我的好友李承歷君幫的忙。在選舉的時候，他已盡全力花費六十萬支援我；敗選後他也十分困難，但仍與我商量，籌些路費要我到大陸北京發展，一方面可以幫公司處理一些殘貨。由於，我從事翡翠生意已有近三十年的歷史，他希望我換個方向及區域發展。就這樣，我買了機票就飛往北京了……

組織中華民生黨

二〇〇八年三月，我專程從北京回台參與總統選舉投票。我們大多數台灣老百姓，再也不能忍受民進黨的統治，讓台灣繼續沉淪下去。人民的眼睛是雪亮的，投票結果馬英九以七百多萬得票勝選，全台一片歡欣鼓舞準備迎接政黨輪替。我和很多資深黨員朋友（內有軍中將校、企業界菁英），大家建議我寫信給黨主席吳伯雄及準總統馬英九，恭賀及感謝他們辛勞付出，讓國民黨重新取得政權，給中華民國及台灣帶來希望。

我致函建議：「請馬總統勵精圖治，徹底改革創新國民黨。我們衷心地希望馬總統要有完整的計畫，對國防外交、兩岸關係、振興經濟等都要用高智慧處理；我們希望馬總統應徹底檢討為什麼蔣先生會丟掉大陸？為什麼國民黨在台灣會失去政權？為什麼民進黨的陳水扁又會把政權奉還給國民黨？同時馬也不應輕視民進黨的五百四十四萬票潛力。我們希望國民黨浴火重生，當前急務是應成立獨立的廉政機構，可以監督及制衡府院，使台灣再創經濟及政治奇蹟。」

馬當選後，強調以謙卑及感恩出發，但我們的建議書卻石沉大海，馬先生連簡單的回函也沒有。我們研判，馬學養品德均佳，清廉可信，但他骨子裡非常孤傲執著。他也許認為他的博士團隊治國無虞，但我們擔憂當前金融海嘯日益嚴重，反對黨又無所不用其極扯後腿，馬團隊是否有能力渡過險阻，有待考驗；我們也擔心，絕對的權力會腐蝕在高位者，如果馬不能徹底改革國民黨的官場文化，不能虛心傾聽民意，治國的績效是可預為評估的。

我們大多數中華民生黨的發起人，都是資深而且對黨國有所貢獻的國民黨黨員。我們對馬政權愛之深、責之切，所以我們有共識組織中華民生黨，來善意地監督馬政權。二〇〇七年五月二十四日十四時，我們向內政部報備，在內政部派謝科長攜員監督下，於台北市國軍英雄館隆重舉行了中華民生黨的成立大會，我承發起同志的愛護，推舉當選為第一屆創黨黨主席。中華民生黨以「振興中華，照顧全球華人民生，崇尚民主自由，追求平等均富，創造安和樂利正義的社會，加速促成對兩岸人民雙贏和平統一」為宗旨。

中華民生黨報備後，於二〇〇八年七月三日下午十六時正式取得證照。本人於該日十六時三十分即帶領祕書及部分黨員，趕赴中正紀念堂自由廣場，去支援泰緬孤軍後裔的抗爭示威（抗議學生約四百名）。他們在台求學不但沒有合法居留權，也沒有合法護照返回僑居地，成了人球孤兒。

本人以黨主席身分對該請願抗爭者演講，並代表中華民生黨及孤軍身分（本人曾為異域孤軍團長），全力支持亞細亞的孤兒人球抗爭到底。後來在泰緬地區華裔難民權益促進會理事長劉小華的領導下，千位泰緬學生已取到兩年合法居留證，兩年期滿後，可換取正式台灣身分證。

中華民生黨業已創黨年餘，對馬政權「聽其言，觀其行」，雖然在人民的反彈下重組了內閣，但在為人民服務上還有待努力。其間也有部分反對黨曾前來串聯，希望我黨配合反對行動。但中華民生黨應該也是正統正義的政黨，絕不盲目配合他黨唱反調，更不忍任意苛責執政黨。不過也由衷地、誠盼執政黨能更虛心傾聽民意，為中華民國的長治久安，為炎黃子孫的未來，創新革新，謀取幸福。

▲艾小石部隊支援一大隊萊吉山作戰

第四部　遠赴大陸再創事業第二春

二〇〇八年二月的農曆除夕，北京豔陽高照，家家戶戶歡欣鼓舞地準備迎接新年的到來。可是，對於漂泊北京的我來說，卻遭受到了這一生以來未曾有過的無助與挫折。

前進大陸・東山再起

二〇〇四年，我參加立法委員競選失利後，我痛下決心遠赴大陸找尋商機。在大陸，我先後又奮鬥約五年。當時我憧憬著，希望在經濟上東山再起。那時期，我幾乎走遍了大西北、大西南，也參訪過繁華的廣州、上海。在北京前後我待了五年，感受到中國確實在進步，經濟也起飛了，有錢人也變多了。

這該歸功於大陸改革開放、提振經濟的政策，比起台灣那些別有用心、貪污腐敗的領導群，讓台灣幾乎空轉了二十年。台灣貧富懸殊越來越大，競爭優勢不再；反觀大陸很多地方已超越我們，這是台灣人的悲哀，也是大陸的驕傲！

我在大陸有時跑到偏遠的山區，落後的地方，也曾目睹那些靠天吃飯的貧民，他們靠勞力尋求溫飽，有些連小孩上學都很吃力。當我看到這個現象，我立了一個心願，希望我在大陸經營有成，只要我有能力時，我的心願是在貧苦的地方資助興辦一些希望小學。大陸的醫療也不夠完善，很多貧困的人幾乎沒錢看病，我也曾立願：如果我有能力，我要結合有志之士在大陸開辦照顧貧民的醫院；再有能力我要推動開辦孤兒院、老人院，照顧老弱孤兒貧民。

但事與願違。因為我資金短缺，同時自己也不是無中生有、能以小搏大的優秀商人，因此，濟弱扶貧的心願也只能繼續懸在心上了。我只能無奈地說，我在大陸五年的奮鬥，其實只是徒勞，落得美夢成空。最後，我不得不噙著遺憾的眼淚回台灣！

除夕・孤獨漂泊在北京

在二〇〇八年二月農曆除夕的一個星期前，我因在北京生意不順，生活變得後繼無援。手上雖然擁有近百萬人民幣價值的翡翠原石，但在年關將近的北京，沒有人做生意，我也因此無法變換現金。然而，我的房租已經到期，如果要繼續簽約，我必須先準備幾萬人民幣。在北京我舉目無親，真是到了山窮水盡、借貸無門的絕境。

在無奈的情況下，我只好把房子退了，打算暫時住進廉價的旅館再做打算。其實，我那時身上只有不到一千元的現金，即使住小旅館，每天也要百元多人民幣，再加上我的伙食及交通費，我勉強撐了六天，之後再也熬不下去了。我已繳不出旅館的住宿費，只有含著淚水默默地離開旅館。

除夕的中午，到了結帳的時間，我帶著大包小包的行李被趕出了旅館。摸摸口袋，身上一貧如洗，只剩下二十多元現金，我連早餐及午飯都還沒有進食，徬徨無助地徘徊在元大都公園的馬路上。我不知該何去何從，更不知今晚要露宿何處？

我自二〇〇四年底在台北參選立法委員戰敗後，毅然在一位好友L君的支援下轉到北京重新奮鬥，迄今已三年多了。好友L君在台北的生意其實也很艱困，但他仍不時對我伸出援手。在這三年中，北京的K君和我一起合作，我們小本經營，利用地緣及人緣關係，由我跑到中緬邊境的雲南盈江、瑞麗一帶，購買翡翠原石後再運到北京加工銷售。

可是，北京的加工費不但昂貴，同時加工時間也很漫長，進帳也就受到影響。不幸的是，我們又碰到心懷叵測的朋友，他們介紹的加工廠，不但設計、加工技術低劣，還把我們完好的原石也弄壞了，導致我們無法順利銷售；剩餘的原物料，一方面因沒有資金可支付加工費，同時也還未找到可配合的優良加工廠就暫時擺放著。由於在北京賣原物料的市場冷門，就這樣我們無法周轉，K君和我一籌莫展，苦不堪言。

這種窮困潦倒的漂泊，在我人生晚年留下無限的感傷。尤其是在除夕的晚上，北京老百姓家家戶戶爆竹響連天，而我此時卻無奈地流落街頭，真不知道我要怎麼辦？我也無顏再打電話向K君訴苦。平常在北京跟著我這個小台商吃香喝辣的朋友，這時一個也聯絡不上了；就算勉強電話聯絡上一二位，但人情薄如紙啊！看到對方冷漠的反應，我的自尊讓我再也開不了口。我不敢想像我以後要怎麼辦？別說回台灣，就是今晚要露宿，能夠歇腳何處也不知道？！

眼見天越來越黑，肚子餓得真受不了，只好再花五元人民幣在路邊攤吃了一小碗麵。正當我打算拿出在金三角打游擊露宿山林的精神，準備到元大都公園去露宿，就算淪為遊民也要苦撐活下去，而心情卻失落徬徨得快要感慨落淚的時候，K君電話來了：「你在哪裡？今晚來我家圍爐吧！」。

我也顧不得自尊了，趕忙搭上最後一班公車往頤和園方向K君的家走，內心有說不出的感傷與感恩。北京很大，由北四環乘公交車到哨子營，幾乎要一個小時半，我趕到K君家，已是深夜十點多了。K君全家，包括他的媽媽及姐姐，還拉著我吃年夜飯，此一刻我感動得熱淚盈眶……

當晚，我和他全家擠在他們十坪不到的貧民窟小斗室裡。因K君的姐姐是警察，所以能配給到一間狹窄又簡陋的陳舊平房。無論如何，這時我對K君全家真是感激萬分。房子雖然小而破舊，但讓我感到十分溫馨。我當時感念之餘也立下一個志願，我一定要拿出異域奮戰的精神，絕不能被這惡劣的環境及悲慘的遭遇所擊倒，我一定要自強不息，繼續奮鬥，希望有一天東山再起，也希望能還報K君和L君對我的恩情。

一夜的感慨讓我幾乎不能成眠。第二天一早，K君說他已用電話幫我訂購了北京飛昆明的機票。第二天，我拿著簡單的行李離開，K君送我到了公巴站，並悄悄地塞給我兩百元人民幣做路費（機票費用他已幫忙付了）。由於我從台灣赴大陸是買台北↓香港↓昆明來回的年票，機票的最後期限是二〇〇八年二月十一日，日期迫在眉睫，逾期機票將變無效。

二月七日早晨，我告別K君全家後，一早匆匆搭公巴趕往北京機場。當時我趕時間趕得十分狼狽，好不容易搭上北京飛昆明班機。但由於該班機誤點，到達昆明後，我趕往轉乘昆明飛香港班機時，該班飛往香港的班機早已起飛。那天是大年初一，身上帶著不到二百元人民幣，若住宿昆明旅館的話絕不敷用度，所以我不得不硬著頭皮，搭車到人民中路，昆明一位朋友楊君的工廠公司去借宿。

到了他的公司，還好有人在。進門後問了一聲，才知公司老闆楊君已回昆明老家過年。我用電話聯絡到楊君，他熱情地在電話中說公司有人留守，恕他過年因遠在昆明老家而無法前來公司接待我；他請我不必客氣，食宿都在公司裡就好了。我真感激楊君的熱情。當晚我趕緊設法訂到大年初二由昆明飛香港的座位，第二天，我終於順利搭上了昆明飛香港的班機。

到達香港時，趕快辦了香港飛往台北的班機，當晚約深夜十點半我終於回到了台北。我到台北時，身上只剩五十多元人民幣了，在機場換成台幣後連搭計程車也不夠。還好，國光號還有車到台北車站，之後再轉捷運、公車，終於回到了我在新店安康的家。就這樣，我百感交集又落魄地回到了台灣，暫時告別了漂泊他鄉的流放生活。我準備設法找關係籌措資金後再前往北京，處理寄存在K君家裡的翡翠原石。但迄今將近兩年，在這不景氣、現實冷漠的社會裡，我仍一籌莫展。

▼一九七五年六月華山計畫將光武部隊裁撤後，不願到坤沙販毒集團的官兵，自組地方自衛武力，於一九七六年元旦在緬北景棟猛丙被緬軍四十三團設計繳械，並被緬軍殺害。

第五部　半生感懷

我現在深深地體會到，也許我們在金三角的血與淚是白流了。
我衷心希望我們的經歷能成為國共兩黨鬥爭的史實借鑑！希望
這個悲劇不會再重演！希望中國人不要再打中國人！

我與柏老相遇的故事

我是柏楊，《異域》一書的作者，很感佩你們為國家流血流汗的英勇。

某年某月的某天，我迫於生活，選擇從事駕駛計程車謀生。有一天下午，約四時左右，我開著計程車，行經中正紀念堂對面的國家圖書館前的時候，一位年約八十歲的老人，招手攔了我的車。他坐上車後，我禮貌地對他說：「謝謝，請問老先生要到哪裡？」他慈祥地對我說：「請送我去信義區新光三越旁音樂廳。」「謝謝！請問往哪裡走？」「你自行決定，方便就好。」

就這樣，在車上我們聊了起來。

「請問，為何要開車謀生？聽你的口音，似乎是滇緬回國的雲南人。」他關心地主動問我。

「我是從滇緬回來的孤軍之一。」我禮貌地回答。

「請問是哪個單位？擔任什麼職務？」他似乎很有興趣。

「我是末代反共救國軍異域棄卒之一。」

「我是柏楊，《異域》一書的作者，很感佩你們為國家流血流汗的英勇。」

柏老很熱心地與我交談，並追問我一些孤軍的情況。

「我是滇游前線指揮官，西盟軍區教導團的團長。」

我簡略地告訴他我苦難的際遇……

「我撰寫滇緬邊區苦戰十一年（《異域》），只寫了上集五年的事。很遺憾，如果我早在二十年前與你相遇，我就可完成下集，後六年的故事報導。」

他不無遺憾地對我說：「與你相遇交談，你不但一表人才，我知道你很有學養，你可以把你們投筆從戎的經過報導出書，定是珍貴而有價值的史實。說不定你寫這本書賣點很好，可以改善你的生活。」

「謝謝柏老的鼓勵與關懷，可惜我不是作家，力不從心。」

我誠摯地對柏老說：「如柏老願意寫，我可以供應您素材，對您詳細報告一切。」

「我年紀大了，身體不好，眼疾很惡化，已不便執筆了，不過我可以介紹別人來協助你寫。」柏老要了我的住家地址。

「謝謝柏老的關注，我會盡力配合。」

我送他抵達目的地後，扶他下車，他給我台幣一千元作為車資，我堅持不肯接受，告訴他跳錶只須付一百二十元。

他說：「不要客氣，這是我的一點心意，請你收下。」

我堅持不肯收，柏老把錢往後座一丟，並告訴我，如果我不收下，就讓其他乘客撿去好了。

當時我內心真感激他的厚愛……

事後約略一星期，現在擔任泰緬孤軍後裔難民協會的理事長劉小華找到我，她告知是柏老介紹的，要與我商談協助我寫書的事。我倆晤談了幾次，我因為忙於生計，到處漂泊，加之素材欠缺，此事未果，真愧對、辜負柏老的一片關愛。

至於劉小華理事長，多年來她一直關注孤軍後裔，勞心勞力為泰緬回國求學沒有身分證明的僑生，不遺餘力地奮鬥付出。終於在二〇〇八年為兩千多名無國籍滯留台灣的人球學生，爭取到兩年居留證，兩年後可以正式發給國民身分證。我與孤苦無靠無助的難僑及孤軍後裔深深地感念她的付出與大恩大德。

濃濃原鄉情

・我與故鄉黃坡小學的一段情

……黃坡村是騰衝縣洞山鄉的一個小村，地處騰衝縣城南邊九公里山路，山青水秀，民風純樸，住戶約二百多家，也是我出生的地方。

二〇〇八年五月間，我在中緬邊境的小鎮盈江，結識了一位故鄉洞山鄉的H君。他告知我，我的家鄉騰衝最漂亮的小學就是我們洞山鄉的黃坡小學。頓時觸動了我一段令人充滿成就感與遺憾的回憶……

黃坡是騰衝縣洞山鄉的一個小村，地處騰衝縣城南邊九公里山麓，山青水秀，民風純樸，住戶約二百多家，也是我出生的地方。

二〇〇二年七月，我代表台灣雲南同鄉會，赴昆明出席了世界第二屆全球雲南同鄉大會。我們在昆明開了兩天的代表大會，隨後大會安排我們飛雲藏邊境的迪慶自治州州府中甸——也就是世外桃源「香格里拉」，繼續開會兩天。我們在那裡愉快地、盡情地，享受了美麗的人間天堂之美。那裡的山川湖泊、草原牛羊、自然生長的杜鵑花、松贊寺，以及可以遠眺白雪覆蓋的梅里雪山——那是迄今世界上尚未有任何人征服過的險峻高峰。那裡熱情純樸的藏民與世無爭，其他無論是漢族，或是彝族，彼此也都和睦相處，令人欽佩與羨慕，讓我留下深刻、美好的印象與回憶。

代表大會結束後，我們又回到世界各國人士嚮往的麗江、玉龍雪山、虎跳峽。麗江古城保留了完整的歷史古蹟木府。參觀旅遊了一整天，我們由麗江飛回昆明。第二天，我與內人由昆明飛芒市，再搭乘出租車子坐了三個多小時後，終於回到了我魂牽夢縈、朝思暮想，離開了四十多年的故鄉——騰衝洞山鄉。

少小離家老大回，所謂近鄉情怯，我無法描述我回到生我、育我的地方的一切感受。許多近五十年睽別的親友及童年的玩伴，當我們重逢餐敘的時候，那種激情與熱情，溫暖了每一個人的心，真是筆墨難以形容啊！當天下午，我迫不及待地請我的堂弟及一二位好友陪我到村外走走，去追尋捕捉我兒時的回憶。

我們一路踏出老家大門，我就要求他們帶我到我家大門左側幾百公尺處的一個小山丘，那是我們童年時經常嬉戲的地方，是我們村裡視野良好的一個小高地。在山丘上，我們可以眺望整個騰衝城，因為戰術地形良好，加上抗日戰爭時，我父親又是當地的鄉長，房子也是當時鄉裡最漂亮寬敞的建築，所以在日軍攻打騰衝城時，日本的指揮部就設在我村，日本的指揮官也就住在我家。

後來日軍進城，國軍反攻騰衝時，指揮官第七軍軍長及美軍顧問團也駐紮我家，這也許是便利觀測指揮的原因。

我在小山丘上駐足十多分鐘，追憶我兒時在此玩耍的情景，可是一切都模糊混淆記不清楚了。隨後我們沿小村走一周。我家在中村，我們走到上村，遠眺村腳山底的田園，一片油綠，美麗極了。真是：「月是故鄉的明，山是故鄉的秀，水是故鄉的清，人是故鄉的好……」我們走著走著，不知不覺走到了村裡百年的張家祠堂。管堂的告訴我，那就是我們的黃坡小學。我要求進去參觀一下，時值暑假，未見校內有任何學童及老師。當我踏進校園，看到老舊斑駁的校舍及課堂，似乎隨時都會倒塌下來！我有所感慨地對堂弟們說：「現在國家的制度，每家只容許生一胎，萬一有哪一天在上課的時候，這祠堂教室倒塌了，壓死或壓傷了小學生，那真是不堪設想的人間悲劇。」

堂弟告訴我：「不但我們黃坡的學校如此，鄰村娥依村的小學也是設於百年祠堂裡，陳舊情形是一模一樣的……」當時我內心立即產生了一個想法：振興中華文化、回饋鄉梓是我一生的夙願，我想我應趁著這次回鄉的機會，發動鄉親及鄉民，大家應擇址另蓋一間小學，讓村裡的學童及老師能安心讀書上課。

參觀完學校後，我們再經下村繞回家裡。到了夜晚，村委領導前來我家圍爐敘舊，我即熱誠地提出遷校建議。當時大家反應熱烈，一致贊同我的建議。第二天村領導、小學校長及鄉親數十人，就帶著我到村腳小河底的一處背山面水、視野開闊的地方勘察，我們全體一致決定就選在那裡。因為它的位置就在鄰村娥依村及我們黃坡的中間地帶，這樣兩村差不多各二百多位學生也可以合併上課，既舒適又安全。

因為第二天我就要返回昆明飛回台灣，所以村委及村領導積極地與娥依村協調，也獲得合併同意。同時，他們還徹夜擬印了創校及捐款啟事給我，以便運作。雖然對於一切大家都有了共識，土地申請取得也容易，但蓋一間四五百人的新學校，材料、施工營建需要一大筆經費，就比較難辦。它絕不像我們雲南海外同鄉在藏族迪慶州所辦的希望小學，每間只需人民幣二十萬，黃坡小學的預算可能是希望小學的三四倍。

當晚我建議創校委員會，有關基金的籌措應從三個方向同時進行。

一、到海外募款。

二、所有黃坡及娥依村的住戶，家家戶戶應出錢出力，能捐多少算多少。

三、向鄉、縣教育機構申請補助。

當天深夜，我一直思索著，無論如何我應以身作則先捐獻部分，一面表達我的熱誠，另外也有拋磚引玉的作用。我整夜在房裡與內人商量：「好不好？我們先捐個十萬、八萬。」但內人深深瞭解且顧慮我們的家庭狀況：五個孩子要念書，我們自己的預算都不夠；現在是暑假，開學後有一大筆費用要付，如果現在捐出去，屆時困難誰來幫助我們？我和內人爭執了整夜，無法達成共識。第二天，我只好慚愧地對籌備委員說明我家庭的狀況，我實在是心有餘而力不足；但我應允盡力回台灣想法勸募。鄉親們也體諒我的苦衷，只好把希望放在我到海外的捐款。

當我回到台北，有關的同鄉寥寥無幾，大家的經濟情況也很差，都自顧不暇；其他有錢的騰衝老鄉都與洞山鄉黃坡村無關，因此也不熱心，甚至很冷漠。所以我承諾回台灣募款的事又落空，我自己也有心無力。就這樣，對於建新校，在經濟上我無法幫忙分文，讓鄉親失望；甚至有些鄉親不諒解我，真令我愧疚不堪；有肚量的還安慰我，至少我是這事件搧風點火的推動者，沒有功勞也有苦勞！

對於建新校舍一事，我在金錢上雖然沒有幫助分文，但可敬的建校領導及鄉親村民，他們還是篳路藍縷地完成了建校工程，蓋了一所新的黃坡小學，是騰衝縣最漂亮的小學。我一面愧對鄉親，但同時又敬佩村委及村民眾志成城，完成了此一艱巨任務。

有時我為了商務回騰衝，我真無顏去見鄉親父老，更沒有勇氣走進黃坡小學。但我仍許下宏願，如果有一天有了能力，我一定要在黃坡小學設置獎學金，好好培植故鄉子女。

附註：二〇一〇年十二月，我因事赴故鄉黃坡省親，還是受到小學校長、村委書記的熱情接待，並感謝我發起興建新校舍，為故鄉子女之安全著想，讓學童有一個優美的學習空間。

此情難追憶

我在金三角西盟軍區指揮教導團時，當時我們縱橫大江南北，爬盡崇山峻嶺，穿越毒蛇猛獸出沒的原始森林。我們為了執行突擊破壞、蒐集情報、心戰布建策反諸項工作，真是疲於奔命。我領導反共健兒，拋頭顱、灑熱血，耗盡青春歲月，什麼兒女情長之事，對我們而言是奢求。當時我們實在太愛國了，真有山河未復，何以為家的思想……。

可是，七情六慾，人之常情。我不是什麼英雄，也難過情關。大約在一九六七年時，我團奉命南移泰北格致灣基地整補，加強訓練。到了格致灣基地，我團有一批三十多人的女政工隊，就調往接受通訊訓練。在政工隊裡有一位張貴秀女隊員，我倆彼此心儀；但當時我是團長，是以身作則的領導，所以整訓半年多，我們相戀是隱密的，最多也只是拉拉手的狀況。雖然我們兩情相悅，並曾論及婚嫁，最後卻有情人難成眷屬。一九六七年底，我團奉命北上，我也只能服從命令，為國忘家。個人的感情事小，上級交付的任務為大，我北上一年多再調回泰北基地。一九七〇年三月初，我奉母親之命與現任的妻子寸雙鳳，完成了二十世紀卻類似十八世紀的婚姻。我為了孝不如順，所以辜負了貴秀的期待與感情，她知道我完婚的消息後，憔悴悵然地請了長假，離開了部隊，並輾轉奔波回到了她緬甸的僑居地……

在這之前，她早把我倆已論及婚嫁的感情，告知了她的家人。一九七〇年中，貴秀的妹妹貴蘭在緬甸被保送台灣師範大學就讀。貴蘭在赴台之前，專程由密支那，經過三天兩夜奔波到了當陽，準備與我一晤。當時我知道貴蘭家的經濟情況不是很好，也許她姐姐會交代她來看一看我這個準姐夫，希望我對她的旅費有所幫助。貴蘭來到當陽，找到了我母親，當時我已與髮妻雙鳳在前進基地那告完婚。我知道貴蘭到當陽來看我的消息，感到十分內疚與尷尬，只好請母親委婉地告知她我的實際情況，並請她全家原諒。同時，交代母親善待她，仍給予她一些幫助。貴蘭也無奈、懊喪地回密支那辦理她赴台的相關手續。事後並順利地到了台北念師範大學，同時也順利地完成了學業，取得師大文學系的文憑，在台北的泰北高中部任教……

我不敢想像貴蘭回緬甸後，貴秀對我的失望與怨懟，我只有背上負心之名，接受有關方面的譴責。

大約在一九七六年，我代表泰國雲南同鄉會回台慶祝雙十國慶，在台停留了三個星期。我找到了貴蘭，當時她在教書，有了固定的收入，也結了婚。她知道我在台灣，一定要邀我吃頓飯。用餐時，我完全不敢提起她姐姐的事。她主動並頗有微詞地對我說：她姐姐回緬甸密支那後也是教書；她執著地沒有再接受第二段感情，同時仍對我念念不忘；而且，姐姐後來英年早逝了，據她說，姐姐臨終時還唸著我的名字：「團長、團長，載福、載福……」我知道後更增加了我的內疚。我簡直無地自容，草速用餐告辭。

一九八九年十二月，我攜全家回台定居，我與貴蘭又聯絡上了。有一次，我因開刀取出膽囊住進板橋縣立醫院，她來看我。我又愧疚地提到她的姐姐，我說，我要寫一篇文章紀念她的姐姐，請她回密支那探親時，把我的文章在她姐姐墳前燃燒祭拜。貴蘭毫不猶豫地對我說，她做不到。我知道，她們全家永遠不能原諒我對她姐姐的負心。她還說，她姐姐是害相思病，積怨成疾的。

幾天後，我要飛返泰國兼程回緬甸仰光的家，貴蘭送來一件昂貴的毛線衣，叫我帶給母親。她說，她禮輕情義重，她很感念她赴台之前到當陽時，我母親對她的關照與愛護。

啊！天長地久有時盡，此情綿綿難追憶！

海峽兩岸政府應合作撫慰在緬甸抗日國軍烈士亡魂！

我出生在大陸，但我成長在緬甸，記得我在胶脈緬北中學念初中時，我們校園內有一座遠征軍紀念塔，是紀念遠征軍少將團長林冠雄壯烈犧牲的紀念塔。塔上面記述林團長及其部屬壯烈犧牲事蹟（詳細內容恕已無法記述），該紀念塔後來被緬甸軍人政府剷除夷為平地，我愛國華僑敢怒而不敢言。那年緬政府不知受誰的壓力下令剷除所有緬甸遠征軍的紀念碑，據悉該烈士紀念塔最多的是密支那區八莫及緬中部（東吁及彬木那），遠征軍軍長孫立人將軍不計犧牲地向日軍發動攻擊，成功地解救了英軍之危，此役讓孫將軍聞名世界，也受到英美領袖及其政府的崇敬及肯定。

我在緬甸成長，由小學到初、高中念的是中文，後轉至緬甸學校深造。步入社會後我到緬甸各地了解各國在抗日戰爭時犧牲的陣亡將士墓，尤以仰光郊區九英里的英國烈士墓園修整得最整齊嚴肅，美化得也很好，使人前往參觀時都不由得肅然起敬！

同時，日本侵略軍在緬甸戰場也有許多陣亡將士，當時他們是戰敗國，實無力也無暇為陣亡將士立碑。然而，日本政府在三十年後，由日皇及國防部支持民間團體組織專業團隊到緬甸各地查訪，不惜辛勞，想盡辦法經多年的努力把日本在緬甸侵略戰役中陣亡將士的屍骨及遺物、亡魂接運回日本本島，以隆重的儀式送進日本之靖國神社，以利日本各界悼念，每年也有到訪之邦交國代表赴神社致敬……

綜觀我抗日遠征軍在羅、孫兩位軍長指揮官先後率領下深入緬甸抗日，戰鬥激烈，陣亡不少，更重要的是羅部由緬甸轉移印度整補時，由密支那穿過中緬邊境不毛之地、野人山蠻荒異域時，其中幾乎有大半官兵，不敵異域之惡劣蠻煙瘴氣及虐蚊之侵襲，死在撤退途中，人數約有兩千。另一方面，由孫立人將軍領導的新一軍，深入緬甸中部東吁、彬木那解救英軍之危，雖戰蹟輝煌，受世界各國領袖表揚肯定，但先後國軍也陣亡不少。孫將軍的新一軍把日本鬼子驅離緬甸後，先後在緬各地掃蕩日寇時也壯烈犧牲了不少官兵。勝利後由愛國華僑發起，並得緬政府之允許及支持，在全緬各地先後建立了許多烈士紀念塔，立碑紀念。緬甸獨立後由軍人尼溫政變，後來被緬甸政府軍政府（不知受哪國之挑唆），下令把全緬各地之國軍陣亡烈士紀念碑全部剷除、夷為平地，讓那些八千多名陣亡將士變成孤魂野鬼！

多年來由於國共鬥爭，兩岸政府及民間均無人料理這些埋骨荒野的孤魂……現在兩岸已和平共存，關係已改善，筆者建議與呼籲，我兩岸政府基於民族精神及民族團結大義，應協商共同組織專責機構人員，到緬甸調查處理此事，或效法英國在緬甸首都仰光就地修建烈士紀念墓園，或效法日本有組織地到緬甸各地察訪，統計然後在兩岸三地擇地建立紀念公園，接引愛國志士及烈士亡魂，立碑紀念，以供全球華人悼念及瞻仰，以慰那些為中華民族犧牲的亡魂，則我中華民族幸甚，兩岸政府及世界華人幸甚！

二〇一一年四月七日，寫於圖書館

成仁取義

・悼念藺汝剛隊長

我任職教導團期間，我團有一位優秀的隊長——藺汝剛上尉，他相貌堂堂，好學上進，勇猛負責，是一位戰將。

我和藺汝剛隊長是同學，我們生活在緬北當陽小鎮，同在當陽華僑中學念書。雖然他是我的學弟，但我們感情很好，他也跟隨我投筆從戎進入西盟軍區。受訓結業後，編在我團內擔任一個分隊長。他忠勇負責曾擔任我團禁衛隊長。

藺隊長有兄弟姐妹六人，父親早逝，兄妹全靠年邁慈母辛苦做小生意撫養長大。藺隊長在我團服役六年後，那年國民黨十全大會召開前約三個月，我團在滇邊要執行上級所交付的一項行動。那是台灣方面要求我團在滇邊同一國境內執行的五個行動計畫。內包括三個突擊，兩個爆破。

還記得那個行動計畫代號為「閃電計畫」，意謂向中共五個據點發動出其不意的突襲與破壞。藺汝剛隊長自動請纓要執行三個突擊隊的隊長之一，執行任務及目標是區內孟連縣邊境的一個共軍據點，藺隊長率領一個分隊，按計畫滲透入區突擊。因為中共在緬境內也有情報部署，只要獲知我團接近邊界，就會對他們採取行動。當藺隊長帶隊進入區內後，共軍早以強我十倍的兵力部署好口袋戰，對突襲隊猶如甕中捉鱉。我們從嚮導那裡知道戰鬥的慘烈狀況，我不願也不忍再詳細報導藺隊長幾乎全隊陣亡的戰鬥經過。但在十全大會報告邀功戰果，是我們用鮮血及生命換來的……

我要特別報導的是藺汝剛隊長有一位妹妹汝蓮，書讀得很好，藺隊長也有意栽培她，不但應允並鼓勵她申請赴台升學。藺隊長省吃儉用地在他微薄的薪餉內存了一點錢，要供她妹妹赴台求學。

當時他妹妹已順利申請到入台證，正準備與其他同學共同啟程赴台；我母親為了關心我的婚事，她老人家和藺隊長的媽媽，有意撮合我向汝蓮提親。因我知道藺隊長一心一意要供他妹妹赴台深造，他妹妹也全心全意要回台讀書，我不願辜負藺隊長的唯一心願，也不願毀掉他妹妹的前途。雖然雙方家長兩位慈母已屬意這門親事，或許他年幼的妹妹無力反抗，但我不能自私，為了成全他兄妹的心願，我對母親提議極力反對。正當協調中，藺隊長突擊陣亡了。基於良心道義，我不忍心把這不幸的消息通知其家人，如果他母親知道這一噩耗，他妹妹頓失依靠，也許沒有心情，也沒有能力，更沒有勇氣赴台求學。

我為了完成他妹妹的求學夢，也為了替多年生死與共的袍澤藺隊長在天之靈，成全他妹妹順利回國深造。當時在他妹妹啟程飛台之前，我偽造了一封藺隊長已派遣回台受訓的電報給他的家人。電報內容中，告知他的母親及妹妹：「汝剛奉命回台接受情報訓練，暫不允許和家人通信及通話，對妹妹赴台求學之事，由團長我在緬北就近代為協助……」就這樣，他妹妹汝蓮順利回台進入台灣師範大學深造，畢業後在國中任教，也遇到理想的另一半結婚生子，過著幸福快樂的生活。之後，汝蓮也設法申請把全家接回台灣，她年邁的媽媽也得到有關單位的撫卹，直到仙逝。

藺隊長已奉入大直忠烈祠，我偶爾去祭拜他們的靈位，略盡同袍之心意。

安息吧！汝剛。

感恩吾妻雙鳳

（二十世紀仿十八世紀的婚姻）

我家有弟兄姐妹五人；我排行第三，上有姐姐哥哥。我哥哥大我十歲，在中日戰爭時期家鄉騰衝爭奪戰中，被日本飛機活活炸死。我弟弟小我五歲，在我們全家逃難到緬甸北部當陽小鎮時，與朋友到小河裡戲水被淹死，這是我全家之痛，這也是我這個做哥哥不但沒有盡到照顧小弟的責任，有時還躲避厭煩不願與他玩耍，以致造成他夭折，這件事讓我內疚一輩子。於是我變成了家裡的獨兒子。在封建的社會裡；我成了父母唯一的希望與指靠。

我因為是家裡唯一的的獨子，我在考上台灣海外招生、被政大錄取新聞系後。父母無論如何也不簽字讓我回台升學。於是造成我投筆從戎，參加了反共救國軍西盟軍區馬俊國部。我在馬部服役多年，出生入死由排長而連長一直升到營長、團長，這些都是我出生入死奮勇殺敵而換來的，如果我在突擊大陸槍林彈雨中不幸身亡，我們家就沒有了後。

時光倥傯，轉眼我已快三十歲，當時我在馬部擔任教導團團長，我們團部設在離大陸邊境不遠的卡瓦山區業別，也是我部的前進基地，還記得我在基地營區大門口的牌坊兩旁寫了一副對聯：「救國家於多難，拯民族於垂危。」當時台灣情報局所有滇緬的大陸工作，包括突擊、破壞、情報、心戰、布建、策反六項工作都交由馬俊國的西盟軍區來做，但馬俊國又全部交由我團來執行，雖然我團表面上是戰鬥部隊，我想也可稱為情報特戰部隊吧，所以我當時也被任命為前線（即敵前）指揮官，我除了帶部隊也要負責情報局小組的工作（即執行上述六項大陸工作）。我每天早上六點起床，要集合我團所有官兵執行早點名，同時也要陪部隊出操鍛練體能，八點鐘就召集各參謀，即負責情報、心戰、作戰、訓練還有心戰專勤派遣等業務開會，辦理各項公文，擬定各項計畫，所以我的工作是十分忙碌的。

然而在一次年邁的慈母歷盡艱辛，越山涉水，渡過薩爾溫江來與我會親時，母親語重心長地對我說：「兒呀，我們家到你這一代一脈相傳，老天爺有眼，使你在槍林彈雨中倖存，如今你已當上團長，當上指揮官，俗話：『說不孝有三，無後為大。』如果你不結婚生子，媽死也不會瞑目。」我聽後真是百感交集。報效黨國，受命於國難當頭，我本來一直都懷著「山河未復，何以家為？」的思想，但歲月不饒人，年已快三十的我，多年遠離父母，縱橫大江南北，遊走荒山野嶺，對父母未能盡絲毫孝道，身為獨子，萬分汗顏而百感交集。當時我只好對慈母說：「我在荒域中生活，哪裡去找對象結婚？我總不能隨便地找一個目不識丁、語言不通的少數民族結婚吧？」媽媽雖然無言以對，但她內心已有盤算。那次會親後，媽媽在返回僑居地當陽的半途中，借宿了吾妻雙鳳的家，剛好她的父兄因擁有馬幫跑卡瓦山做生意認識我，對我印象也不錯，母親靈機一動，就向雙鳳的父母提出，有意代我向他小女兒雙鳳提親，岳父也欣然同意。於是母親就通知我，要為我很快辦理這門親事。我在孝不如順的情況下，也不敢再拂逆慈母了，可是天呀！那時我妻雙鳳十八歲，正在當陽念中學，我二十九歲，我們相差十一歲！何況我們素昧平生，從未相識謀面呢。雙鳳年輕什麼也不懂，也沒有反對父母親的勇氣。我想，「媒妁之言，父母之命」，不就是古人一般的婚姻嗎？今天都是什麼時代啦！對於年幼的雙鳳，我有責任對她做我最起碼應該做的事。於是我寫了一封信給她，告訴她，如果這是被逼迫的婚姻，她不同意可來信告訴我，我可以設法取消。但她全無反應，我也再無其他方法了。我們訂婚也沒有見面，因她僑居的地方弄坎是有緬軍駐紮的。在我們結婚前一個月，我只好請人把她接到距我基地約略四公里的卡瓦山那告街子（她家在那裡也開一個小舖子，由她姐姐和媽媽做點銷售百貨的生意）。我們終於在那裡第一次會了面，她羞澀得什麼也沒有說，只是點頭表示她不反對這門親事。也許她見了我這個老兵，覺得還算差強人意，而且看似溫文儒雅、知書明理，就勉強同意了這門親事吧。我對她的最初印象是：她是純樸可愛、小家碧玉型的女孩。我因此自然也沒有異議……

我向上級申請獲得批准，一九七〇年三月一日，我們在我的基地舉行了我們克難式的婚禮，我的司令官馬俊國將軍也率部分官兵幹部前來主持我的婚禮。就這樣，我和雙鳳完成了二十世紀中仿十八世紀的婚姻。也許一般人無法理解及想像，這樣奇妙不可思議的婚事吧！

婚後大概三個月左右，我一如往常忙於我的軍事及公務。那時，緬政府軍似乎對我基地蠢蠢欲動，想來攻打我們。為了妻的安全，我設法把她送到丹陽和母親生活。我對妻其實時常心懷內疚，我想，她這樣年紀輕輕嫁了我，卻是聚少離多，空閨常獨守。而且，萬一我在執行任務時，在戰鬥中陣亡了，留下年輕的她，情何以堪？這樣，我良心能有所安嗎？

一九七一年，我完成了一個由我團執行的突擊任務。之後，因為反對馬司令官要剋扣官兵一半薪餉作為部隊走私販毒謀利的命令，我因此脫離了馬部，改而遵奉區部命令向五十一站報到，我將自己所帶領的中隊撥交一大隊後，隨即離開了。因為，我知道今後我如果仍和馬同在光武部隊工作，自己的處境一定十分尷尬；加上我們多年來對光武部隊不公平的差別待遇心中十分不滿，所以離開軍旅也就沒什麼好留戀的了。說真的，那時什麼基本人員的待遇，也比我們這些多年流血流汗的所謂傭兵好得多，而且相差何止十倍！而我們，執行的卻是九死一生、得拚死命的任務。這樣的待遇，對我們這些在區部心目中的僱傭兵而言，公平嗎？當局的做法和決策，是如何愚蠢和錯誤啊！

在此事之前，美國總統尼克森訪問了中國，而我也漸漸認知到：「什麼反攻大陸？只不過是自欺欺人的傻夢罷了！」當我徹底認清現實之後，不禁對自己的軍旅生活感到心灰意懶起來。於是，向五十一站報到後我決心離開部隊。我先是向站長兼大隊長吳同謀請假返家探親。後來，我的確無心再回部隊，短假因此變成了長假，在僑居地和家人團聚，共享天倫。後來我猜想，在情報局的存管資料裡，可能是用「汰退」的名義給我除了名吧？還好，沒有把我當逃兵，否則我日後返台定居，應該早就被情報局向軍法處要求起訴法辦了，甚至很可能會被判刑囚禁呢。所以，這也算是不幸中的大幸啦！

我回到當陽後，為了避開當陽緬軍的注意，遂通過吳春天家緬方自衛隊，及果敢羅星漢部隊幫助關係，先帶吾妻及小孩居住在眉苗。先前，我因友人的介紹而得以與當時的眉苗市長交往認識。之後，我們變成了好朋友，所以住在那裡安全上無慮。我離開部隊以後的日子，過得如何呢？說真的，剛開始時不妨說是一貧如洗。後來，靠同學、好友的幫忙，跟隨他們做點翡翠生意，家庭經濟才漸漸好轉。在那清苦的階段，吾妻雙鳳與我同甘共苦從頭做起，她一無怨言地按著她優良賢淑的本性相夫教子，讓我免除了很多後顧之憂，得以放心地為生活向前衝，實在是我應感恩的。

一九七五年，我們為長期醫治長子國生的病，又移居緬甸首都仰光。長子住院治療了一年多，應該是嚴重的慢性腦膜炎，終於不治，死在仰光。為了長子的病及夭折，吾妻雙鳳無微不至地朝夕照顧，飽受焦慮與痛苦的折磨。我們兩夫妻因長子的死，內心深受打擊，頭髮都白了。我們定居仰光近十年，生活還算有所改善，也買了花園洋房，這時我們已有二子三女，家裡雇有幫傭，汽車也二三輛。值得安慰的是，我讓妻子和家人過了近十年安定的小康生活……誰知，一九八八年八月八日緬甸動亂，緬政府沒收華人財產，緬鈔作廢，關閉華校！就這樣，我一夕之間從有到零。所幸，在一九八九年十二月，我們全家終於想盡辦法自行回台定居。不妨說，緬甸動亂這一巨變，讓我們全家的生活，突然之間由天堂掉進了地獄！

雖然，當時我因動亂已沒有任何資金，卻不知自己哪來的勇氣，為了孩子的前途，決定舉家遷台。我費盡九牛二虎之力，申請回台灣定居，最終竟順利地回到了我日思夜想的祖國寶島，可以說是喜出望外呀！但我當時萬萬沒想到的是，台灣這個競爭激烈的社會，生活費是如此之高昂，人情是如此之現實冷酷。一時之間，我真感覺難以適應呢。想想自己的光景：我曾經是僑界理事長，商界玉石老闆，在緬甸仰光曾經擁有花園洋房、驕車，來到台灣後卻一無所有，還攜帶著五個幼兒及妻子，日後的日子要如何過呢……

最初，我不免把事情想得太簡單了，評估錯誤，自恃還有些才華和經驗，卻沒想到我根本缺乏資金，想繼續做翡翠玉石生意，談何容易？只有從最基層的勞工做起吧。於是，我幹了建築工人，吾妻也放下身段從底層勞工做起，如此，我們的生活才漸漸安定下來。不過，我仍野心勃勃，希望在台灣能白手起家，東山再起。後來，有幾個朋友、同學大家都在艱苦中支持我在泰國曼谷及台灣開貿易公司，經營進出口及珠寶生意。但由於資金太少，結果事與願違。我想憑著微薄的資金來發展事業，不啻是異想天開。結果，我不但失敗了，還拖累了同學、朋友。想到他們借給我的每一塊錢，都是辛辛苦苦賺來的，省吃儉用存下來的，我真是感到愧疚！

生意失敗後，我再次放下身段去做苦工，到工廠工作，甚至擔任營造粗工。而這時我已五十出頭，體力及心力都不勝負荷了。我不穩定的微薄收入，的確難以支持家庭的開支。這期間，賢慧的妻子雙鳳也出外打工，分擔家計。她雖學無專長，只能從最基本及最低的薪資做起，卻一做就是二十多年。事實上，這個家全靠她苦撐，還包括小孩的教育費，也主要靠她張羅，她對這家的確是做了偉大的奉獻犧牲了。所幸，現在小女兒也大學畢業了，我們在貧民區也有了一個家，有了自己的房子。這全是吾妻雙鳳多年辛苦的成果！

至於我，自然不甘心一直做基層勞工。因此，在斷斷續續地開了幾年的計程車後，我又踏入商界經營老本行做珠寶生意。略有成就後，我為了實現自己救國救民的理想抱負，在二〇〇四年時，充滿信心地，希望能針砭時弊，為民喉舌，參加了台灣第六屆立法委員的選舉。這個決定，讓妻子煩惱不已。不出她所料，我不但敗選，還負債累累，不得不到北京做生意。真是慚愧，這段時間，我自然也無法善盡為夫為父的責任。可是，吾妻雙鳳仍然忍受艱辛，無怨無悔地對我不離不棄，的確讓我無地自容，深感愧對於她。唉，我為什麼不能學習妻子的勤儉務實，為什麼不聽她善意的勸阻勿碰政治呢？所謂：「夕陽無限好，只是近黃昏。」的確，我的生命已開始走入黃昏階段，想要再接再厲奮鬥已有心無力。我還能做什麼呢？我還有機會感報吾妻嗎？

異域英雄

為了確切掌握泰緬邊境緬軍駐守及攔截狀況，我們在邊界駐紮了二十多天，後來選擇了一處緬軍駐有重兵的山口附近，出其不意地由邊界一個低窪隱蔽的小溪越過邊境。所謂：「最危險的地方，就是最安全的地方。」緬軍真想不到我們會選擇他的家門口滲透越界，等他們知道時，我部北上已經四五天，遠離他們的營區及封鎖線了。

——僅以此文獻給我生死與共的戰友

異域英雄

每年十二月十九日，我都會循例買一束黃花，搭公車跑到大直忠烈祠，去弔念一九六六年十二月十九日我們在雲南邊區突擊大陸時壯烈犧牲的同志——王立華團附、王興富副官、譚國民指導員，還有一九六九年三月十二日犧牲的藺汝剛烈士。都快三十五年了，我沒有一刻忘記與我生死與共、同甘共苦的袍澤，更不能忘記我們當時奉命突擊共軍營部的慘烈經過。午夜夢迴，我經常夢到在異域拋頭顱、灑熱血的往事。

一九六三年，滇緬反共救國軍在聯合國的壓力之下最後一批撤到台灣，當時我和滇西行動縱隊司令馬俊國少將正帶領該縱隊的大部分官兵在雲南邊境滄源、瀾滄縣一帶地區活動，如果要行軍趕到泰緬邊界大其力撤台，必須徒步行軍四十五天，所以我們無論如何也趕不及隨軍撤台，只好變成一支毫無後援的孤軍，繼續在滇緬邊區的崇山峻嶺中活動。

我們長年累月地翻越在海拔約四五千呎的卡瓦山區，不但沒有後勤的支援，還缺乏糧食、彈藥，更缺乏兵源。我們只有靠在卡瓦山區的少數民族，卡瓦、擺夷（傣族）、拉姑借糧借米來維持生活，在物質條件相當缺乏的情況下生存，飽一頓、餓一頓，靠山茅野菜充饑。我們生活在荒山野城，長年與毒蛇猛獸為伍。滇緬邊區的原始森林是東南亞聞名的瘧區。最恐怖的是在被有毒的瘧蚊咬傷後，全身發冷打顫，然後會發四十多度的高燒。在缺乏醫藥的情況下，一旦瘧疾發作只有聽天由命，細菌入腦就會難逃一死。有時在傾盆的連天雨下我們紮營在森林中，只有靠破爛的一小塊雨布裹住身體蒙頭就睡，第二天醒來，螞蝗叮滿全身，吸吮鮮血，打也打不掉，只有毛骨悚然地靠煙火把牠燻下來。

由於經常被蚊子、螞蝗叮咬以致有貧血問題，加上營養不良，我們更變得面黃肌瘦。長時間沒有支援下，被服穿爛了，只有長袖剪成短袖補肩膀，長褲夾短褲補屁股。我們幾個月沒有牙膏、肥皂，只有靠炭灰來刷牙、洗衣服。司令官想盡辦法向當地百姓典借，每月只有發給我們兩個老盾（銀幣、滇緬邊區流通貨幣）做零用金（相當於台幣四十元）。

一九六四年，我們為了躲避共軍的追擊，游動到緬北臘戍當陽以北的萊莫地區（毒品大王昆沙的家鄉），一面休息整補，一面設法補充兵源。當時我擔任滇西行動縱隊的第一支隊長，馬司令即命我負責向緬甸華僑召募兵源。時值緬甸軍事政變，由緬軍頭尼溫領導推翻了文人政府，軍人執政，沒收華人財產，關閉華校……緬甸華僑很多都是大陸陷共後逃亡緬甸的難僑，他們的子女往往面臨失業又失學的困境，走投無路。在我精心設計宣傳聯絡下，先後跑到我部隊裡來的華僑青年學生約有近千名：王立華、王興富、譚國民，都是這一批優秀的華僑子弟兵。

我們用油印機印了千份興華學校的招生簡章，主旨在說明學生來興華學校就讀，食宿學費全免，畢業後可以保送台灣升學。第一期招收到二百多名學生，大都來自緬甸北部諸如當陽、臘戍、密支那最多。我們當時的前進基地設在那馬（即萊莫山附近）一個傣族村旁，馬司令把我這個支隊改編為教導團（意即在黃埔北伐時蔣總司令所組的教導團），由我擔任團長，負責新學生及新兵的訓練工作。我當時對新報到的學生編隊後即施予新兵訓練，即一般部隊的入伍訓練，有基本、戰鬥、兵器一般訓練，同時也按學生的程度安排了甲、乙組，甲組之課程以複習高中課本為主，乙組為複習國中課本。當時所有的學生不分男女都勤奮學習，鬥志高昂。半年後，這一支新兵已變成一支學術兼優的隊伍。因武器彈藥裝備缺乏，馬司令即令我帶領新兵南下泰北，加強訓練與整補。

我率隊由緬北那馬基地出發南下，專走叢山小徑，並盡量避開沿途當陽、邦央、孟炳、景東、大其力地區緬甸駐軍的攔劫。所有的新兵雖經進過半年的訓練，但這樣徒步行軍四十多天，還是第一次。我們在繞過各地緬軍的營區時特別辛苦，最艱苦的是通過當陽及景東壩（意即小平原），為了防範暴露，我們只有利用夜間行軍，大致上要連續走十多個小時，加上時逢緬甸雨季，路道滑濕，新兵都是跌跌撞撞，又不能打手電筒以免暴露。在急行軍中，有些同學在走路時，走著走著就睡著了，有些一稍作休息，躺下去就爬不起來，只有靠有經驗的老兵拉拉扯扯帶著走。這樣的長途跋涉，備極辛苦，我們有十多天不洗澡的紀錄（因為缺水）。有時宿營山頭，為了抬取飲水，往往要派人往山窪地爬走一個多小時。有水的地方，往往猛虎野獸喜歡出沒，派去抬水的士兵，掉隊落單就會被毒蛇猛獸襲擊。

我們由北往南，渡過薩爾溫江，穿過中緬邊界的原始森林，經過一個多月終於到了泰北。我奉命在泰北蠻央以北的馬坑山附近開闢基地，以野樹為柱，茅草為瓦，山竹為籬，經過一個多月的辛苦，終於蓋了十多間營舍，闢了一個操場。在那裡我們又展開了半年多的士官與軍官訓練，斯時情報局也不知道從哪裡送來了部分武器，有卡賓槍、三〇機槍、Ａ６式半重式機槍、六〇迫擊砲、無聲手槍、Ｃ式ＴＮＴ炸藥及雷管，我團也補充了兩台手搖無線電台、密碼譯電本，還有國防部製作的心戰宣傳品，我所擁有的九〇手槍也是那時配發的。

我們的訓練，除了一般的基本兵器戰鬥教練一般課程、參謀作業外，特別加強游擊戰、森林山岳作戰，更注重突擊與爆破的加強訓練。

半年後馬司令也親率各支隊抵達新基地會師——該基地我們易名格致灣基地，馬司令親自主持了我們半年多嚴格訓練的士官隊軍官隊結業典禮。同年五月初，我團奉命再到滇緬邊區前線活動，執行大陸工作。緬華僑生來到泰北半年多，除了訓練再訓練，馬司令對送學生回台升學的事隻字不提。部分學生即偷偷地開小差溜走跑到泰北第二大城清邁，自行靠親友的接濟回台，部分回到台灣後還很努力地完成了大學學業，以後在台灣專業也還略有所成。

我奉命率隊由格致灣基地出發，通過孟放壩、回宗坡，抵達滿星疊附近（滿星疊當時為毒品大王昆沙的基地）。根據情報蒐集研判，近月來，緬軍強力封鎖泰緬邊界，所有沿泰緬邊境能通過的大路小路，緬軍均派兵加強駐守巡邏，連經常往返緬北運毒品的昆沙部隊也全部撤退到滿星疊整補觀望不動。

為了確切掌握泰緬邊境緬軍駐守及攔截狀況，我們在邊界駐紮了二十多天，後來選擇了一處緬軍駐有重兵的山口附近，出其不意地由邊界一個低窪隱蔽的小溪越過邊境。所謂：「最危險的地方，就是最安全的地方。」緬軍真想不到我們會選擇他的家門口滲透越界，等他們知道時，我部北上已經四五天，遠離他們的營區及封鎖線了。

經過十多天的徒步、行軍，我團來到距大陸邊界約九十華里的山白夷寨——南硼，我接到司令部的電報，要我執行北上後第一次突擊共軍的「雙城計畫」。目標是孟連縣邊境附近的一個連部。該連部駐紮在蠻辛的一個小高地，由於蠻辛是一個小盆地，匪營附近都是小梯田，營房是U字形茅屋，但泥土、稻草混合砌成的土牆中，每隔兩三公尺就鑿有槍眼約一尺見方。根據我們所蒐集的情報，自最後一批反共救國軍撤台，兩三年來，雲南邊境沒有任何游擊隊擾襲他們。雖然邊境一帶有反緬的撣邦武裝活動，但從來不敢靠近大陸，所以共軍高枕無憂，相應地敵情觀念及警覺性就很低。我團在南硼停留整頓兩天，我即下令把該地赴大陸邊境的所有道路封鎖，規定任何人只能進不能出，以免共軍又獲知我部又重返滇緬活動的消息。

五月四日，我把大部輜重人馬交由馬營長指揮駐守南硼，並親率突擊隊及支援隊，偽裝為當地撣邦反緬部隊之十二營部隊，沿途規定凡遇當地百姓不能講中國話暴露身分。少數緬甸華僑青年軍會說當地語言，用白夷話和百姓交談，佯稱我們是撣軍十二營布蒙指揮官的部隊（布蒙是反緬撣軍十二營的著名領袖），奉命到邊區緬境之各村寨巡邏。我率全部輕裝並攜帶乾糧（所謂的乾糧是糯米經過煎烤磨成粉，牛肉或豬肉烤熱後，攪打成肉鬆），沿著孟纍河往邊境前進，經過兩天的急行軍，抵達國境界，利用隱祕的叢林溝壑掩護休息。五月七日深夜十二時，萬籟俱寂，經過最後的協調對錶，趁著稀微的星光由嚮導指引最隱祕的小徑前進，我們順利地滲透越過國界。兵分兩路，突擊隊由楊副團長率隊，我負責全面指揮支援接應。凌晨二時五分我隊接近了匪營，經過最後的偵察觀測，我決定在二時三十分發起攻擊。我選擇了敵營最近的高地作為支援隊的掩護據點。楊副團長率突擊隊利用敵營前的梯田做掩護匍匐接近敵營，並設法對敵營展開包圍。

誠如我們所研判，共軍由於兩三年來都沒受到反共游擊隊的進襲，做夢也想不到我團會由遠在幾千公里的泰北突擊他們。二點十五分李排長已潛到敵營門，發現共軍的哨兵正偷睡打盹；李排長一個箭步躍到哨兵前勾住他的脖子，並用刺刀刺進他的胸部，就這樣一聲不響地制伏了敵哨，並及時把狀況報告楊副團長。楊副團長即下令不准開槍警動共軍，飭我突擊隊四州向敵營包圍接近，命所有隊員在二時三十分同時把手榴彈由敵營的槍孔投進去。「砰砰砰！」手榴彈同時間爆炸，只聽到共軍「啊唷啊唷」地叫成一團。楊副團長同時下令由四周放火燒敵營，於是突擊隊員一面放火、一面把共軍營區牆壁上的《毛語錄》標語撕下，同時也用帶去的相機拍了幾張照片。幾個由大門倉卒擬逃的共軍也被我們的突擊隊員用衝鋒槍掃射倒下。敵營一片火海，彈藥爆炸聲不絕，共軍的哀號聲與猛烈燃燒的熊熊火光混成一片。

當副團長及時把突擊狀況報告我後，我即下令迅速撤離現場以免附近敵軍增援。因為我們原計畫只是以少數的兵力夜襲匪營，目的是讓大陸百姓知道蔣總統所領導的國民黨部隊還在國境線活動，我們志在突襲擾敵，不在占領。說實在，我以少數的突擊隊兵力也沒有力量占領敵營固守。不到兩個小時，天還沒有亮，我已率隊撤出了國境界。

第二天，我們派遣邊區百姓以趕集的方式偽裝，為我們探聽蠻辛的情況。據報，該日天剛亮，孟連方向已增援了一個團的共軍，我們所突擊的匪營只駐守著一個連部、一個共軍加強排，共軍的連長及官兵幾乎全部被我們炸死或燒死。中共的援軍及時封鎖了邊界，不讓邊區百姓出入，更不讓他們的慘狀消息走漏。我方也希望這小小的行動不要讓國際知道，以免又造成國府的壓力。

為了避免中共大軍的越界追擊，我下令以急行軍的速度折返南硼與留守的大部隊會合，略事休息，即繼續揮師北上；經過兩天多的拔涉，順利地渡過薩爾溫江。據情報蒐集，中共對我反共游擊隊又回到中緬邊界活動極為重視，並向緬方知會，應全力把我們截攔殲滅或趕出緬境。緬政府與中共的關係及處境猶如睡獅身旁的小兔，深怕得罪觸怒中共，不得不調動緬北軍區的緬軍及所屬地方自衛隊來對付我們。同時中共也下令滇緬邊區的緬共進襲我們；我們的處境十分艱困，不但要面對中共大敵，也要防範緬軍及緬共的截擊。

我們經年累月的在蠻荒異域生活，沒有警報，唯一的資訊來源是團部的一部乾電池飛利浦收音機，有時聽到「自由之聲」美黛小姐播放出來的歌聲：「台灣好，台灣好，台灣真是個寶島……」聽她唱著唱著，唱出了我們滿腔的思鄉之情，眼淚也忍不住奪眶而出。有時夜深人靜，我們不小心收到中共雲南人民廣播電台對境外蔣軍殘餘官兵的廣播：「親愛的境外蔣匪殘餘官兵弟兄們，你們何必長年累月地過著非人的艱苦生活，你們何必為蔣家賣命，你們家鄉的父母、妻子、兒女、親友都盼望你們起義平安歸來團聚，共產黨是既往不咎的，歡迎你們，歸來吧！海外的遊子……」我們聽到這裡時不禁感到既激動又憤怒。

我團奉命繼續在雲南邊陲瀾滄、倉源、孟連等縣邊境一帶地區活動，為了躲避共軍的注意，大部分的時間都是翻越在海拔四千多呎的崇山峻嶺及原始森林，偶爾經過邊區少數民族的村寨。那裡大部分是卡瓦族、拉姑族、阿卡族、傜家、苗族及山白夷等少數民族。卡瓦族還分純卡瓦及野卡瓦。野卡瓦族當時還保留著每年獵殺人頭來祭稻穀，祈求豐收的宗教習俗。

一九六六年十月初。我團游動到孟連縣邊境雙相對面距五個多小時徒步行程的索牙江畔山頂卡博，那是一個純卡瓦村山寨，為了慶賀十月三十一日蔣總統壽誕，上級指示我團擬定「壽星突擊計畫」，目標是突擊共軍的一個營部，作為對總統蔣公的賀禮。我選定了雙相共軍營部作為目標，並召集少尉以上的軍官幹部宣布此一計畫，當時王立華團附、譚國民指導員、王興富副官、陳濟民、晏發竇、楊崇文等軍官都爭先恐後地舉手，要爭取去執行這個突舉計畫。自成功地完成「雙城計畫」後，共軍已在邊境布下重兵，加強戒備，每次我們發動突擊式破壞，都九死一生，遭受共軍幾倍兵力的圍擊。每次執行任務，明明知道是送死，活著回來的機會很少，但我們的官兵——大部分是華僑子弟兵，都爭著去執行。去犧牲。雖然敵眾我寡，裝備陳舊低劣，但我們士氣高昂，大家都以「反攻大陸、捍衛中華民國」為職志，視死如歸，每一位官兵都認為為國家壯烈成仁是光榮的。

一九六六年十二月十八日，「壽星」突擊隊經過嚴格的訓練及模擬演習後，準備好了乾糧及一切器材，包括心戰宣傳品。在一個月黑風高的午夜，我帶著王立華團副及突擊隊在當地熟悉地形的卡瓦嚮導指引下，沿著國界的一條小溪流，利用它潺潺的流水聲掩護進入大陸。深夜凌晨一點鐘，我們順利地爬近距敵營約一百公尺處，敵人似乎還沒有發現我們，四周靜得非常可怕，連鳥蟲也沒有一點鳴聲，狀況有點反常。一點十分我下令發起攻擊，我們利用輕機槍火力掩護匍匐接近敵營，正當雙方的槍彈聲交雜成一片，突然在我左側方約五十公尺處，「轟！」的一聲，第二分隊譚國民准尉誤觸共軍預埋的地雷當場被炸死，楊川少尉副分隊長的右手也被炸斷。戰鬥越來越激烈。突然在我右側十多公尺的王立華團附也受了重傷，子彈打中他的胸膛，血流如注。這時四周的槍聲更激烈了，連我們的側背也響起了敵人的槍聲，接著敵人用擴音器向我們喊話：「國民黨殘餘官兵弟兄們，你們已被我們重重包圍，快放下武器，共產黨是會對你們寬大的，你們頑強抵抗只有白白的送死，快放下武器投誠吧！這樣你們還有一條生路。」這時我判斷敵人對我們的行動早就有所防範與部署了。

情況越來越激烈了，我身邊的副官王興富也中彈身亡。由於狀況越來越不利，我只好下令突圍撤離，在共軍重重的包圍下，化整為零，各自脫離戰場。當我們脫離了戰鬥，奔到國界外集結時，已損失了三分之一的突擊隊員，陳濟民、晏發寶、楊崇文也負傷被俘。這以後，他們被共軍送往思茅保山勞改十多年。我們全體在集結點集結後，我當兵以來第一次熱淚盈眶，我下令值星官集合了所有戰鬥回來的官兵，把王立華團附陣亡時交給我的染滿他群血的國旗，命士兵插起，大家面對王團附及所有犧牲官兵陣亡的方向，默哀三分鐘。

這是我一生永遠難忘的一次戰鬥，事隔幾十年，仍記憶猶新，感慨萬千。如今兩岸關係變化，陳濟民、晏發寶、楊崇文在中共勞改十年後，默許他們逃亡緬甸，幾年前我曾專程到緬甸瓦城去看望他們，他們曾對我說，一點都不後悔投筆從戎跟著我打擊共軍的那段日子。此外，他們也聽說國府在解散了我們這個軍團後，毫無照顧，尤其是自願回台定居的長官，有關單位視如敝屣，毫無照顧，他們寧願在緬甸自謀生活，也不願回國請求救助。

這次突擊後，我曾率隊南下泰北整補。而後幾年，我仍奉命北上在異域縱橫，從事反共武裝游擊活動。國民黨十全大會前夕，一九六九年三月十二日，馬俊國將軍奉命代表敵後英雄參加出席十全大會。情報局為了邀功，又命令我團在孟連縣邊境在十全大會之前，在同一線上五個點，同時發動三個對共軍的突擊、兩個爆破行動，我團的藺汝剛少尉分隊長也是在那次突擊中壯烈犧牲的。我不願再描述我們多次突擊戰鬥的慘烈經過，我想如果我要詳盡地報導，幾萬字也寫不完。我只想問一問，在國民黨十全大會，把我隊突擊大陸激戰的經過報告後，與會諸公代表，你們有幾人為我們的壯烈犧牲給予真誠的同情關懷……

一九七四年，國防部突然下令在泰北及緬北解散了我們這批孤軍。為反共奉獻青春、鮮血而後倖存下來的官兵，許多人一貧如洗，流落異域，有的在泰緬山區種地謀生，有的在走投無路的情況下只有參加金三角的販毒武裝集團（如昆沙部隊）。更慘的是，有部分官兵跑到緬軍部隊裡表示願為緬政府效忠打擊緬共。聽說，有一個李德隊長帶著他的幾十個弟兄投誠緬軍時，不為緬軍所接受，還被緬軍集體槍殺。我自己為了良心道義，對解散的官兵負責，對國府失望。失望之餘，我也只好和部分袍澤懊喪地回到緬甸僑居地，利用自己的專長加入馬幫謀生（馬幫是泰緬邊界做貿易的人，以馬群馱貨越過泰緬邊界經營生意的隊伍）。

一九八八年八月八日緬甸又發生學生暴動，緬甸政府仿效中共在「天安門事件」所採取的因應模式，鎮壓屠殺了許多學生和老百姓，關閉所有學校，緬鈔再次作廢。我們難胞一夜之間又從有歸零，變得一貧如洗，一文不值。越年十月，我費盡了九牛二虎之力靠親友的接濟，設法申請回台定居。我申請時不能以軍人身分申請，只靠華僑身分申請自費回到台灣。

實際上，我和一群自費回到台灣的官兵得不到政府的絲毫照顧，連一紙榮民證都不發給我們。我們赤手空拳，只有靠賣體力做苦工謀生，當時我已經四十八歲了。為了生活，我做過建築雜工、水泥工，我到過拉拉山幫人種地拔草，也擔任過捷運工人。十多年來我體力漸漸不支了，只好擺地攤、當守衛，微薄的收入乎連起碼的生活都無法維持。我的子女因繳不起昂貴的學雜費，國中畢業後，不管多聰明想讀書也被迫輟學，然後擔任廉價勞工，賺錢貼補家用。以前沒有健保，我們生病看不起醫生。我為了就醫，奔走了兩三年各處申請陳情，好不容易動用立法委員才領到一紙視同退伍證明書、一張榮民證，但什麼退伍金、補償金都沒有領到。我為了生活壓力，身心過度勞累，罹患肝炎、糖尿病、高血壓，時常感到全身倦怠，不能工作。曾幾次向退輔會申請榮民給養，希望每月領到一萬多元的生活補助費；但退輔會答覆我的是，我未患絕症，同時年齡未超過六十一歲，尚未符合申請資格。我真想不通，如果已經罹患絕症，我申請補助還有什麼用？

國軍曾兩次發放補償金。我的榮民證上雖然有兵籍號碼、階級、退伍時期，但每次提出申請補償，均答稱不合規定申請。我是軍官，沒有工作，輔導會也沒有任何輔導我就業。可以說，我的榮民證似乎除了到榮總看看病，什麼價值也沒有。萬般無奈之下，我只好擔任每月一萬多元的廉價守衛工作，同時，為了增加收入，跑去考計程車駕照及登記證，租一輛車來跑。可憐，由於經濟不景氣，像我這樣的社會基層老百姓，就算是兼兩份工作還一樣得不到溫飽。反觀那些高官、財團、富商，卻揮金如土！國家凱子外交，一送什麼科索沃就是百億，我們小市民三餐快不繼了，有誰會關心救助？你真能相信，這個社會是如官方報章、雜誌、電視所報導的那樣，康樂均富嗎？

如今，定居台北新店的我，不管生活多麼苦、多麼忙，每逢那些戰友的忌日，每年十二月十九日或三月十一日，我都會大老遠地跑到大直圓山忠烈祠，去弔祭我那些生死與共、犧牲成仁的戰友。讓我不平不解的是，我每次到忠烈祠查入祠資料，只有譚國民准尉、王興富副官、藺汝剛隊長們的牌位資料，而當時在我眼前陣亡的王立華團附，獨缺他的牌位，這是什麼緣故，為何會有此一疏忽遺漏呢？我為這件事，專程跑到忠烈祠資料辦公室去查資料。那裡管理入祠資料的陳中校告訴我，電腦裡沒有王立華團附的資料，他叫我向有關單位，諸如情報局、國防部，去設法申請補辦。可是，如今我是一個被遺棄的軍人，一個弱勢中最弱勢的小市民，我手頭提不出資料，有誰會理我？我只好百般無奈地向著烈士牌位祈禱：王立華團附，我最懷念、一生最難忘的戰友，您才是真正的無名英雄！比起我這個被國家遺棄、孤苦無助的老兵的憤憤不平，你也許其實根本不計較能不能入祠吧！安息吧，我懷念的戰友！如果這篇報導能為報章雜誌所刊載，也算了卻我的一份心願，也算對您們的犧牲留入青史。安息吧！我永遠懷念的戰友。

附錄　異域棄卒

・謹以此文獻給我生死與共的戰友

楊川・西盟軍區教導團參謀

我是楊川，西盟軍區教導團之參謀。十月初，台灣的天空灰沉沉的，還下著綿綿細雨。我撫著我的一隻義手，懷著無比興奮的心情，隨著緬甸華僑回國雙十慶團圓，搭乘長榮班機，由緬甸仰光經過曼谷飛抵桃園中正國際機場，時間是一九八七年十月八日下午四時。

四十多年了，這是我第一次回國，雖然我曾在國防部情報局滇緬光武部隊二〇三一中隊服役多年，也是有正式兵籍的少尉軍官，可是自民國六十三年該部隊解散後，我就變成了被遺忘的孤軍孤兒，帶著殘障的身軀，流浪在緬甸打零工度日。

近年來，東南亞經濟風暴，緬甸亦被波及；我們打臨時工經常飽一頓、餓一頓，三餐不繼。很多親友鼓勵我設法回自由祖國台灣，向國府申請榮民給養及殘障撫卹。我正愁入台證申請無門，更負擔不起昂貴的機票費，幸巧中國國民黨緬甸支部海工會負責人，為了表現對第一次全民普選總統的擁戴，在緬甸發起組團回國慶祝國慶，機票及餐飲、住宿全額補助，我有幸經友人介紹加入該團回國。

經過機場通關，我一步出機場，看到祖國的一草一木，感覺特別親切。啊！我一生嚮往的自由祖國，我恨不得趴在地上一吻您那芬芳的泥土。我團由僑委會接待組安排住宿永和中山路一段青獅飯店。一到下榻飯店，我迫不及待地打電話給我思慕的老長官——我在反共救國軍滇西行動縱隊當兵時的尹載福團長。

「喂！請問這裡是不是尹公館？」我擔心事先在緬甸打聽到的電話是否正確。

「喂！請問你找誰？」對方傳來有些熟悉的聲音。

「我找尹載福先生，尹團長。」

「我就是，請問你哪裡找？」

「報告團長，我是楊川。」

「楊川？楊川？……你在哪裡？」聲音有點激奮。

「報告團長，我回到台灣了。」

「啊！楊川，好小子，你真有本事，你真行，你幾時到的？現在住哪裡？」

「報告團長，我剛到，住在青獅飯店。您還好嗎？快十年不見了，好想念您。」

「我也一樣好懷念你們這些生死與共的弟兄。」團長似乎又高興又驚訝，不減當年對袍澤的關愛與熱情。

「楊川，你住幾號房？我馬上來看你。」

「報告團長，謝謝您。我是參加緬甸華僑雙十慶賀團回來的，這次由海工會全額補助經費，否則我一個窮傷殘小子，做夢也不敢想能夠自行回國。報告團長，我也想馬上見到您；可是因為我們在十月十六日前均為團體行動，十六日以後才可以自由行動。報告團長，再次謝謝您的關愛，請團長把您的住址告訴我，十七日上午我就專程前來拜訪團長，向您報告一切。」

「不客氣，楊川。我們是自己人，老實告訴你，我自行回國快十年了；我一個老兵身無一技之長，回國後，我的生活十分清苦，我現在住在新店往三峽的一個山腹上，我這裡應該是台北最荒涼、最偏僻的地方；我住在安泰路……等你能自由行動時，要來前先打電話給我，我到山下接你。楊川，我知道你第一次回國一定很忙，一切見面再詳談吧。」

「謝謝團長，一切見面談，我有千言萬語要向您報告傾訴。」

掛上電話，一幕幕拋頭顱、灑熱血、投筆從戎的往事湧上我心頭……

大陸變色後，我是隨父母由雲南逃亡緬甸的難童，在父母艱苦的奮鬥下，我家好不容易在緬北一個偏僻的小鎮安定下來，我也有機會在當地華僑小學念書。

但好景不常，一九六二年三月，緬甸軍事狂人陸軍總司令尼溫將軍發動政變，推翻文人政府宇奴總理，全緬甸由軍人執政，沒收華人財產，關閉華校，同時宣布廢除緬甸現用鈔票，另發新鈔，頓時弄得舉國上下人心惶惶，百姓民不聊生。當時我和幾百位緬華青年學生，在失學又無法就業的情況下，大家徬徨無助，正在百愁莫展時，巧遇滇西行動縱隊教導團尹團長策畫召募青年軍，於是我們毅然地上山參加了反共志願軍。

當時滇西行動縱隊前進司令部在臘戍東北雲南邊區的那馬，縱隊司令是馬俊國少將。據說他是黃埔軍校十六期畢業，曾任反共救國軍總部參謀長，反共志願軍九縱隊司令。一九六一年反共救國軍最後一批由泰北撤台時，馬司令當時正在緬北奉命籌組西盟軍區，在雲南滄源縣邊境活動，距泰北撤軍之基地江拉，徒步行軍須二十多天，無法趕上配合撤軍行動，遂在緬北落了單。國防部考量到馬部，在滇緬邊區距泰國很遠的野卡瓦山區，由於人數少又處蠻荒叢林內，目標小就不會受到聯合國的注意與壓力。所以馬部就改由國防部軍事情報局指揮，繼續在滇緬邊區從事大陸情報工作。我們幾百名來自緬甸各地區投筆從戎的青年學生，集結在臨時司令部，編成一個集訓大隊，隸屬教導團整訓，經過三個多月的嚴格訓練之後，編進教導團執行戰鬥任務。

教導團是西盟軍區的一個獨立團，由尹團長領導。據知尹團長也是由雲南逃入緬甸的青年，他是雲南騰衝人，聽說雲南陷共後，尹團長的父親在縣裡即被劃為惡霸地主，並遭到全縣第一家清算鬥爭，當時尹團長才八九歲，目睹家破人亡。一九五〇年，他隨著家人逃抵緬甸，也是在緬甸首都仰光華僑中學念書，高中畢業後由於國仇家恨遂參加了反共救國軍。教導團是馬司令麾下的勁旅。尹團長也是緬僑，大家有一種說不出的親切感。尤其，團長對我們生活關懷備至，有時翻山越嶺長途行軍，弟兄生病，他總是把弟兄的背包、槍彈搶過來自己揹，並把他唯一的坐騎（一匹司令部配給團長行軍代步的駿馬）讓給弟兄騎。我們長年累月地生活在蠻荒異域，不但與毒蛇、猛獸為伍，還要與蠻煙、瘴氣、瘧蚊、螞蝗搏鬥。我們不但缺乏醫藥，更沒有醫官與護士，弟兄受傷或生病了，往往都是團長親自幫我們包紮，並給我們打針吃藥。戰鬥激烈時，團長總是出現在我們的面前激勵指揮，給我們力量，所以我們全體官兵，士氣高昂，上下用命。

一九六四年七月初，我團為了整補，由團長率隊南下泰北，我們由那馬出發長途跋涉，穿越比台灣大兩倍的崇山峻嶺，沿途為了避免緬甸政府軍的截擊，每接近緬軍的基地，我們都晝伏夜行，或急行軍通過。中南半島緬甸的雨季是世界聞名，每天的傾盆大雨，把我們淋得全身透濕，晚上我們就裹著一小塊雨布滾在草叢中睡覺，我們往往被毒蚊叮得難以入眠。第二天起來，解開衣服，毛骨悚然地發現，螞蝗咬住我們的身軀，在吸吮我們的鮮血；有時用力敲打也打不掉，我們只有靠點燃的煙把牠燻下來。我們渡過薩爾溫江，穿過蔽不見天日的原始森林，由於黃泥山徑滑濘不堪，大部分從來沒有吃過這種苦的青年學生新兵，只有含著眼淚，一步一滑、連爬帶滾地跟著行軍。經過二十多天，我們終於進入泰境。

團長奉命在泰緬邊境找尋適當地點開闢基地，經過幾天的偵測，我團終於在清邁以北二百多公里的泰緬邊境的一個傜族村的後山紮營，開拓基地。我們以野樹為柱，茅草為瓦，山竹為籬，經過一個多月的辛苦，終於蓋了十多間營舍，闢了一個操場，在那裡我們展開了半年的訓練，同時也分配到了由軍火商處購來的武器。有卡賓槍、三〇機槍，A6式重機槍、六〇迫擊砲、無聲手槍、炸藥及雷管，我團也補充了兩台手搖發報無線電台，密碼譯電本，還有國防部製作的心戰宣傳品。我們的訓練課目除基本教練、兵器、戰鬥教練、一般課程以外，特別加強游擊戰、森林戰、山岳作戰、突擊與爆破作業加強訓練。

一九六五年三月初，馬司令親率司令部及屬下各團南下抵達格致灣基地會師。四月中旬，我團奉命北上滇緬邊區蠻荒活動，尹團長率隊由基地出發，通過孟放壩，回宗坡，抵達滿星疊附近（滿星疊為毒品大王昆沙的基地）。根據情報蒐集研判，近月來，緬軍強力封鎖泰緬邊界，所有沿泰緬邊界能通過的大路小路，緬軍均加強駐守巡邏，連經常往返緬北運毒品的昆沙部隊也退回滿星疊整補不動。

昆沙先生與尹團長也熟識，還特別設宴歡迎、招待我團少尉以上幹部，那一天我們還在滿星疊昆沙的基地打了一場籃球友誼賽。昆沙先生姓張名奇夫，他是緬北萊莫山地方官的後裔，也是華人。餐會上互相敬酒後，昆沙先生特別向尹團長說：「我們人親土親（尹團長也在萊莫山附近的緬北小鎮當陽華僑小學念過書，昆沙先生及他的很多幹部都認識），我部王中隊目前還在緬北當陽一帶地區活動，尹團長北上後請多給予關照。」同時他還向我們幹部說：「我十分羨慕馬俊國將軍能召募到你們這一批優秀的華僑青年學生，如果我能擁有像你們這般生龍活虎的生力軍，那我的撣幫革命成功就更有希望了。」尹團長也答謝他，請他多關照。

我團為了確切掌握泰緬邊境緬軍駐守及攔截狀況，在邊界駐紮了二十多天，後來我們選擇了一處緬軍駐有重兵的山口附近，出奇不意地出邊界一個低窪隱蔽的小溪越過邊境，有所謂：「最危險的地方，就是最安全的地方。」緬軍真想不到我們竟會選擇在他的家門口滲透越界。當他們知道時，我們已穿越了景東壩，我部北上已經四、五天了，我們早已遠離了他們的營區及封鎖線。

經過十多天的徒步行軍，來到距離大陸邊界約九十華里的山白夷寨——南硼。團長接到電報執行「雙城突擊計畫」，目標是共軍孟連縣邊境附近的一個營部，該營部駐紮在蠻幸的一個小高地。由於蠻幸是一個小盆地，共軍營附近都是小梯田。他們的營房是U字型，都是茅屋；營房土牆是用泥土稻草混合砌成的，土牆中每隔兩三公尺鑿有槍眼約一尺見方。

根據我們所蒐集的情報，兩三年了，自反共救國軍最後一批撤台，雲南邊境沒有任何游擊隊出沒擾襲他們。雖然邊境一帶有擺邦反緬武裝活動，但從來不敢到邊境靠近大陸，所以共軍似乎一切安全得可高枕無憂，相應的敵情觀念及警覺性就很低。

我團在南硼停留整頓兩天，團長即把該地赴大陸邊界所有的道路封鎖，規定只能進不能出，以免共軍獲知我部又重返滇邊活動。五月四日，團長留大部輜重人馬由王團附指揮駐守南硼，團長就親率突擊隊及支援隊，偽裝為擺邦（十二）營支部隊，沿途規定凡遇當地百姓不能講中國話暴露身分，少數緬甸華僑青年會說當地語言者可以用白夷話和百姓交談，並佯稱我們是擺軍（十二）營布蒙指揮官（布蒙為反緬勢力著名的領袖）的部隊，奉命到邊區緬境內之各村莊巡邏。

團長率領全部輕裝，並攜帶乾糧（所謂的乾糧是糯米經過煎烤磨成粉，牛肉或豬肉烤熟，然後，攪打成肉鬆），我們沿著孟纍河往邊境前進，經過兩天的急行軍，我們抵達了國境邊界附近，利用隱密的叢林溝壑掩護休息。五月七日深夜十二時，萬籟俱寂，經過最後的協調對錶，趁著稀微的星光由嚮導指引最隱蔽的小徑，我們順利地滲透越過邊界，兵分兩路。突擊隊由副團長楊國光率領（此次「雙城突擊計畫」作業由楊副團長為突擊隊長，團長率支援隊掩護接應）。凌晨二時五分，我隊接近了匪營。經過最後的偵查，團長決定二時三十分發起攻擊。團長設臨時指揮所在離敵營最近的高地，由支援隊掩護，楊副團長率突擊隊利用梯田匍匐接近敵營，並展開對敵營部之包圍。四百公尺、二百公尺、一百公尺、五十公尺……，我和李排長帶一個分隊由共軍之營門前方接近。誠如團長所研判，共軍由於兩三年來都沒有受到反共部隊的進襲，他們做夢也沒想到我團會由遠在幾千華里的泰北突襲他們。

二時十五分，我和李排長已潛近敵營門右側十五公尺，發現共軍的哨兵正偷睡打盹，李排長一躍上前勾住他的脖子，就這樣一聲不響地制伏了敵哨。我及時把狀況報告楊副團長，他即下令我們不要開槍，並飭令四周包圍的突擊隊員，在二時三十分同時把手榴彈由敵營的四周槍孔投進去。「砰、砰、砰！」手榴彈在同一個時間爆炸了，只聽到「哎唷、哎唷」地叫成一團。副團長同時下令由四周放火燃燒敵營，於是我們一面放火，一面把共軍營區牆壁上的毛語錄撕下，同時也用帶去的相機拍了照片。幾個由大門倉卒打算逃走的共軍也被我們用衝鋒槍掃射倒下。

當時敵營一片火海，彈藥爆炸聲、共軍的哀號聲與猛烈燃燒的熊熊火光混成一片。尹團長即下令迅速撤離，以免附近敵軍增援。因為我們的計畫只是以少數的兵力夜襲共軍，目的是讓大陸百姓知道蔣總統所領導的國民黨部隊還在國境線活動，準備反攻大陸。我們志在突襲擾敵，不在占領。說實話，我以少數的突襲兵力，也沒有力量占領敵營固守。不到兩個小時，天還沒亮，團長已帶領我們撤出了國境界，就這樣我們似乎很容易地達成了任務，這全是出奇不意的成功。

第二天，我們派遣邊區百姓以趕集的方式偽裝，為我們探聽蠻辛的情況。據報，該日天剛亮，孟連方面已增援一個團的共軍，我們突擊共軍的營部只駐守著一個共軍的禁衛排，共軍的營長及營部參謀及禁衛排，幾乎全被我們炸死或燒死。共軍及時封鎖了邊界，不讓百姓出入，更不讓他們的消息走漏，我方也希望這小小的行動不要讓國際知道，以免又造成國府的壓力。我們知道美國的ＣＩＡ也有情報小組在邊界蠻允附近活動，他們一定會把所發生的情報報告華府。據我們所知，美方是暗地支持我們的，只要緬泰部再告到聯合國，美方也佯裝不知情。這次我們不損一兵一卒地完成使命，也可說是有點僥倖。但我們刺激了共軍，引起他們強力及密切地注意，以後的行動就沒有那麼順利和幸運了。

為了避免共軍的越界追擊，團長下令以急行軍的速度折返南硼與留守的大部隊會合，略事休息，我部繼續揮師北上。經過兩天的跋涉，我們已順利渡過薩爾溫江，據報中共對我反共游擊隊又在中緬邊界活動極為重視，並向緬方知會，應全力把我們攔截殲滅或趕出緬境。緬政府與中共的關係及處境猶如睡獅身旁的小兔，深怕得罪中共，不得不調動緬北軍區的緬軍及所屬地方衛隊對付我們，同時也下令滇緬邊區的緬共侵襲我們。當時我們的處境十分艱困，我們不但要面對中共大敵，也要防範緬軍及緬共的襲擊。所以我們大部分的時間都在荒域中機動地游動，我們神出鬼沒，盡量讓敵人摸不著我們的行蹤。

我團奉命在雲南邊陲瀾滄、滄源，孟連縣邊境一帶地區活動，為了躲避共軍的注意，我們大部分時間都是翻越在海拔四五千公尺的崇山峻嶺及原始森林。我們偶爾會經過邊區少數民族的村寨，大部分是卡瓦族、拉姑族、阿卡族、傜家、苗族及山白夷；卡瓦族還分純卡瓦及野卡瓦，野卡瓦當時還流行每年要獵殺人頭來祭稻穀，祈求豐收。

每個少數民族似乎都有他們的奇風異俗，有一次我們行軍抵宿一個傜家寨，我和李明連長住在一個傜族家；半夜十二點鐘，村里長老送來兩位十八九歲長得很漂亮的傜家姑娘，要求我們留下我們的龍種。李連長告訴他們，我們是國民黨的軍隊，我們有嚴格的紀律，礙難從願。村裡的長老似乎很失望，我和連長也為這種奇風異俗嚇了一跳。阿卡族的風俗更為奇怪，他們的女孩子一定要生了小孩才能嫁人，否則就沒有男人肯娶她。拉姑族似乎比較野蠻，同時疑心及戒心較重。有一次我們抵達孟博附近的一個拉姑村寨，團長為了向他們示好，送了他們的地方官阿丹及札果很多禮物，但他們似乎仍不滿意，要求團長送他們一些槍彈，團長只好用無線電報請示馬司令辦理。他拿到了部分彈藥還要求團長和他們結拜弟兄，拿一個臉盆，裡面盛滿米酒，將一隻紅公雞的頭砍下，把雞血滴進酒裡，然後請團長把配槍裡彈匣內的子彈取下丟進盒裡，他和他的副手札果也同樣照做，然後把雞血酒喝乾，這樣才表示誠心交往結盟。

我們長年累月在蠻荒異域活動，有時一行軍就是二十多天，我們有過半個月沒有洗澡的紀錄，背包和衣服的汗水浸成白白的鹽漬。有時我們半年多補給不上，被服磨爛了，只有長褲剪成短褲補屁股，長袖減成短袖補肩膀，我們不知道國府的薪餉是如何發的？幾年來由司令官所領到的是每年每月兩個老盾（是邊境的一種流通銀幣相當於台幣四十元）的零用金，兩個半老盾的副食費。我們的主食大都是向當地少數民族購買的，有時候沒錢，有時候有錢也買不到；因為邊區百姓欠收成時，他們也是飽一頓、餓一頓，我們也只有靠山茅野菜、芭蕉心及雜糧稀飯度日。我們沒有書報，唯一的資訊來源是團部的一部乾電池飛利浦收音機，有時聽到美黛小姐由收音機裡播放出來的：「台灣好，台灣好，台灣真是個寶島……」聽著聽著，聽得我們的眼淚奪眶而出。啊！生活在安定自由的台灣軍民同胞，你們是讓我們多麼地羨慕呀！

同時我們也懷疑，難道反攻大陸的軍事任務都只是落到我們幾百名反共健兒的身上嗎？有時，我們不小心收到了中共雲南人民廣播電台，所謂對境外蔣匪殘餘官兵的廣播：「親愛的境外蔣匪殘餘官兵，你們何必長年累月地過著非人的艱苦生活，你們何必為蔣家賣命，你們的父母、妻子、兒女、親友，都盼望你們起義平安歸來，我們既往不咎，歡迎你們，歸來吧！海外的遊子……」我們真有說不出的憤怒與激動。

一九六六年十月初，我團游動到了孟連縣邊境雙相對面，距五個小時徒步區的索牙江畔山頂卡博，那是一個純卡瓦村寨。為了慶賀十月三十一日的蔣總統壽誕，上級指示團長擬定「壽星突擊計畫」，目標是突擊共軍雙相的連部。

團長召集了少尉以上的幹部，宣布此一計畫，當時王立華團附、譚國民、王興富、陳濟民、晏發寶、楊崇文等軍官都爭先恐後地舉手，爭取去執行這個計畫。我們自第一次執行「雙城突擊計畫」成功地全部殲滅共營後，共軍早已在邊境布下重兵，加強戒備。每次我們發動突擊或破壞，都是九死一生，遭受共軍好幾倍的兵力圍擊，有時我們的彈藥用盡了，只好肉搏；但在敵眾我寡懸殊的兵力對抗下，我們大都是壯烈成仁。每次執行任務，明明知道是送死，但我們爭著去執行、去犧牲。我想黃花崗七十二烈士的精神也不過如此吧！當時我們雖然敵眾我寡、裝備陳舊低劣，但我們的士氣高昂，我是少尉副分隊長，也舉手爭取去參加這次行動。

一九六六年十二月十八日黃昏，我們已準備好一切，經過嚴格地多次模擬演練，由王立華團附帶隊。團部特別為我們加菜敬酒餞行。我們經過最後的協調對錶，晚上八點，夜黑風高，在當地卡瓦嚮導的指引下，我團附率隊出發，繞過沿途的村寨，專走僻幽的小徑，到了國境線，做了再次的協調。我們不敢由邊境的山路過境，由嚮導帶我們沿著國界邊的一條小溪流，利用它潺潺的流水聲掩蔽滲透入區。凌晨一點，我們順利地爬近敵營約一百公尺處，敵人似乎還沒發現我們，四周寂靜得異常可怕，連鳥蟲也沒有一點鳴聲。一點十分時，團長下令發起攻擊。「砰砰！砌砌！」我們利用輕機槍的掩護匍匐接近敵營，突然「碰碰！砌砌！」的槍聲交雜成一片。轟的一聲，和我並肩爬行前進的譚國民准尉，誤觸了共軍預埋的地雷，譚准尉當場被炸死，我的右手也被炸斷。「砰砰！碰碰！」雙方膠著射擊了十多分鐘，王立華團附在離我不遠處指揮也受了重傷，子彈打中了他的胸膛，血流如注，他掙扎著奮力爬到我的身邊，對我喊著：「楊川！我不行了，你們快撤快撤……」

說著說著，他勉強掙扎著遞給了我一幅沾滿他身上鮮血的國旗，王團附交代我說：「把這面國旗帶去給團長，請他把它插在國土上，完成我的心願，楊川、楊川、楊川，我求仁得仁……已願已足……，我……不行了。」王團附說完就陣亡了。

這時四周的槍聲更激烈，連我們的側背也想起了敵人的槍聲，接著傳來敵人擴音器的喊叫聲：「國民黨殘餘的弟兄們，你們已經被我們重重包圍，快放下武器，共產黨是會對你們寬大的，你們頑強只有送死，快放下武器投誠吧，這樣你們還有一條生路。」這時我才知道，我們這次的行動，共軍早就有防備。情況越來越激烈，而王興富排長也陣亡了。我想起了王團附的最後交代，我本想把他的遺體揹起，但請原諒負傷的我，剩下一隻手，加上斷臂的痛楚，我真是有心無力。我用王團附交給我的國旗纏住我的斷手，團長只好下令突擊隊的弟兄，沿著敵營的斜坡滾下山腰，好不容易，我們少數生還的突擊官兵脫離了戰鬥，逃出國界，奔到了前進指揮所與團部支援官兵會合。我激動地向團長報告了我所知道的突擊戰鬥的經過，並把王團附陣亡前沾滿鮮血的國旗呈遞給團長。

雖謂英雄有淚不輕彈，我第一次看到尹團長激動得熱淚盈眶，他伸出顫抖的手，接過那面本擬計畫在突擊成功後，插在敵營的青天白日旗，隨即傳令值星官，集合所有執行任務歸來的官兵，向著王立華團附及其他陣亡官兵們的方向，默哀三分鐘。然後，團長下令把那面沾滿鮮血的國旗插起來，並向官兵宣布：「我們誓死要為王立華團附及所有突擊犧牲成仁的官兵復仇，安息吧！王團附及所有陣亡的弟兄們，我們會完成你們的遺志，總有一天把這面國旗插在大陸的敵營，用共軍的頭顱和鮮血來弔祭你們！」

事後我才知道，這次突擊我們犧牲了四分之三的官兵；陳濟民、晏發寶、楊崇文等少尉軍官都負傷被俘，他們被共軍送往思茅保山勞改十多年，事後默許他們逃回緬甸。現在，陳濟民和晏發寶在緬甸瓦城生活，楊崇文在孟允。我在緬甸曾專程去拜訪過他們，他們說，自己一點也不後悔跟著尹團長打游擊的那段日子。他們也聽說，自國府解散了我們這一批反共部隊，毫無照顧，尤其是自願設法自行回國的長官，有關單位視如敝屣，他們寧願自謀生活，也不願回國請求救助。

這次任務後，我團折返前進基地整補。我的手，傷口養好了以後，尹團長安排我南下泰國清邁，裝配了一隻義肢。幾個月後，我又請纓回到前線，團長把我調到他身邊，擔任情報參謀。從此，團長對我更關懷備至，對我的身心也特別照顧。這使我越發感戴用命，我恨不得以我的獨臂用手槍再上前線殺敵，以報黨國及團長對我的知遇之恩。

我要報導的事太多太多了，千言萬語難以訴盡。幾十年了，我自變成了孤軍的孤兒，為生活的困苦煎熬，讓我的記憶衰退了不少，原諒我無法再詳盡地記述許多的人事地時物。

在這裡我要特別報導的是，一九六七年三月，我團奉馬司令之命，由團長率隊南下泰國格致灣基地接受情報局的改編，我們經過二十五天的行軍，抵達了泰北基地。我們那時才知道，情報局已把原清邁的站擴編為一九二〇區，區長由原任清邁站的站長鄧文襄上校擔任。一九二〇區同時奉命編組光武部隊，下分四個大隊，每大隊為四百五十人，分為四個中隊，每中隊一百一十五人分為三個分隊，每分隊三個小組。馬部被編為第三大隊及二〇三大隊，由馬俊國少將擔任大隊長，木成武擔任副大隊長，陳仲鳴擔任輔導長，尹團長也編為二〇三一少校中隊長。情報局也許方便鄧文襄區長指揮，把鄧升為少將統一領導，當時一大隊、二大隊及四大隊編制人數不足，逐漸在召募中。我團在幾次突擊犧牲殆盡之後，被縮編為一個中隊，自然原來許多團上的官兵不得不分開。軍人以服從為天職，尹團長也相忍為國出任第三大隊第一中隊長，我們在格致灣基地接受點驗後，中隊再次地接受訓練，課程以大陸工作為主。主要的課程包括情報蒐集、心戰派遣、突擊爆破、布建策反。我們經過嚴格的訓練後，又奉命北上。出發前夕鄧區長也親臨訓話勉勵，我要強調的是我二〇三一中隊乃二〇三大隊的菁英，當時擔任突擊課程的彭城教官曾形容我隊像小虎中隊，意謂勇猛精幹。

我隊奉命北上，爾後幾年，我都一直追隨我的老團長縱橫異域，馳騁沙場。我們神出鬼沒，活躍在大陸西南邊陲二千公里的國境線，對大陸執行多次的心戰派遣，布建策反；我們多次對共軍發動突擊爆破，也蒐集了許多有價值的情報資料供情報局參考應用，我們也策動了無數的邊區共幹及共青起義來歸。由於我們兵力太少，我們承受的壓力很大，我們不但要與強大幾百倍的敵人共軍戰鬥，還要應付緬軍緬共的侵襲，所以我們有時可說三天一小戰，五天一大戰，有時我們遭受強大敵軍的圍擊，彈藥用盡了，只有肉搏。我們每次戰鬥均難免傷亡，犧牲十分慘烈，但我們無怨無悔，仍然前仆後繼、奮力完成我們的任務。

一九六九年青年節的前夕，國民黨召開十全大會，馬俊國少將大隊長擔任敵後代表，情報局為了表功，我隊奉命又對孟連縣共軍五個據點，同時發動三個突擊、兩個爆破；尹團長親自指揮，我不願再描述我們慘烈的犧牲與戰鬥的經過，我要特別敘述的是，我們二分隊的藺汝剛少尉分隊長也是那次激戰陣亡的。他那次陣亡的時間是一九六九年三月十二日，我不知道，馬俊國少將在國軍英雄館接受招待及報告敵情時，是否會想到我們的壯烈犧牲，生活在太平盛世的黨代表又對我們有幾分關懷和同情。一九七一年四月我們配合二中隊翟恩榮中隊長（以前是副師長兼馬部二十八團團長）聯合以圍點打援的戰術襲擊了共軍，成功地殲滅了共軍的增援部隊，篇幅所限，我不再一一詳述了。

一九七四年，國防部突然下令解散我們這支孤軍，我們真有被出賣與遺棄的感受。在無奈與絕望的狀況下，我們只有噙著淚水淪為棄卒（我不忍，已不願再描述被遣散的慘狀與感受）。那些奉獻反共而被解散的孤軍，他們得到的是什麼？是失落，還是人生再一次徬徨？他們一貧如洗，流落異域，有的在泰緬山區種地謀生，有的在走投無路的情況之下，只有參加金三角的販毒武裝集團；更慘的是，有部分官兵跑到緬軍部隊，表示願意為緬政府效忠打擊緬共；聽說有一位李德隊長帶著他的部分弟兄投誠緬軍時，不但不為緬軍所接受，還被緬軍殘忍殺害……

這一個慘痛的事實真相，究竟有多少人知道？我和尹團長及部分弟兄們，懊喪地回到緬甸僑居地，團長加入馬幫謀生；只剩一隻手的我，只好依賴親友接濟度日，這是多麼慚愧與諷刺的事啊！回憶到這裡，我不願再痛苦地想下去了……

第二天及以後的四、五天，我都跟著慶賀團活動。等到十月十四日慶賀團宣布團員可以自由活動，我就迫不及待地前往新店拜訪懷念的老團長。團長如約到安康路雙城國小前接我，我們一見面嚇了我一跳，當年英俊挺拔的團長已變成滿頭白髮的老翁，他只不過五十多歲而已，應該還是精神煥發的時候，我一陣心酸。

「團長、團長！」我一見面，用左手習慣地行了一個軍禮。

「楊川、楊川，好想你們。」團長熱情地前來擁抱我。

「楊川，你幾乎還是老樣子，真高興又能見面了。」

「報告團長，謝謝您，您還好嗎？」我忍不住問，「怎麼十年不見，頭髮全白了。」我為他的憔悴如斯感到驚訝！

「啊，說來話長。」團長似乎有多少無奈與委屈。

「一切到我家再詳談。」

我跟隨團長往山上走了二十分鐘，團長苦笑著對我說：「老弟，真不好意思，又要害你爬山流汗。」

「團長，這算什麼，比起我們在異域打游擊，一行軍四十多天，真是小巫見大巫。」

我們走到一個建築陳舊似乎有點荒涼的小社區，團長把我帶到最偏僻破舊的一間平房，指著對我說：「老弟，這就是我以每月八千元租來避風雨的窩，如果不是自己人，我是不歡迎的。」團長似乎很感慨地對我說：「幾年來，我窮得幾乎不好意思跟任何親友往來，你是第一個到我家的朋友。」

我們走進了屋子，大約二十坪左右，一個窄小的客廳，一套已破爛的合成皮沙發，屋內除了擺設一架十四吋舊電視，其他什麼也沒有，牆壁和天花板似乎還漏水、長壁癌，油漆已斑剝不堪，門窗外就是荒蕪的山丘，這真是一個鳥不生蛋的地方，我情不自禁地一陣鼻酸，想當年意氣風發、英俊瀟灑的團長，如今怎麼落寞、寒酸如此。

「報告團長，您和家人還好嗎？」我擔心地問，「太太、小孩呢？」

「老弟，謝謝你的關心，也不要客氣地叫我什麼團長了，真是慚愧；回到台灣，花了三年的時間奮鬥陳情，才領到一紙視同退伍證明書，一紙榮民證，階級也被核為上尉。」

「老弟，實不瞞你直說，什麼照顧給養也沒有。」

團長感慨激動地說：「到了台灣，我都是靠自己做苦工謀生；為了生活，我做過水泥工、捷運工人、到拉拉山幫人種地、摘水果，漸漸地我的體力不支了；我只有去做洗碗工、守衛。近年來，罹患高血壓、糖尿病、肝炎，我什麼也不能做了，只好由你的大嫂及小孩到工廠去做廉價勞工維生。我真後悔來到台灣，貧富懸殊差距這麼大，我們窮人拚死拚活都得不到溫飽，高官黑金財團揮金如土。以前沒有健保，大人小孩生病看不起醫生，我們也付不起昂貴的學雜費及補習費，所以小孩，國中以後，多聰明也只有打工貼補家用。」團長越說越激動。

「老弟，我不後悔為國家付出，那是我們心甘情願的，但我感慨人生最大的悲劇莫過於生活陷入絕境。如今我失掉工作能力，退輔會又說我年齡不到六十一歲，同時未患絕症，所以不能給我榮補，如今我求助無門，生活無著落，生命也似乎陷入絕望，更別提活得有尊嚴。」

我聽了團長的訴苦，一陣椎心蝕骨地痛。我原打算利用這次回國的機會，請團長幫忙我申請國軍傷殘撫卹，如今我連身分證也沒有，更沒有榮民證及其他證明，我已沒有勇氣開口請團長幫助我提出申請，我想申請也沒有用。我真後悔為什麼要跟著慶賀團來搖旗吶喊？我真想不通所謂民主均富的社會裡，貧富差距還是這麼大？為什麼弱勢的人只有更弱勢。團長一生為國奉獻，流血流汗，三十多年的黨齡，國民黨黨產及黨營事業那麼多，為什麼不能給他一份讓他有個溫飽生活的工作？為什麼有幾十億老兵的遺產收歸國庫，而不能拿來資助真正需要救濟的榮民。這幾天我跟隨慶賀團到處參觀所接受的招待，我所看到的、聽到的，似乎不是台灣社會的真面目。

我謝絕了老團長要盛情地、親自下廚招待我吃飯，也不忍心看到團長夫人及子姪們辛苦的無奈，我也不知該怎樣安慰團長，我無心再談下去，我十分懊喪地了解了台灣社會真實的另一面。啊！我嚮往的祖國，當我們需要您時，您在哪裡？我衷心地祈禱當政的領導群，還有準備競選下屆總統諸君，請多拿出你們的良知，真正地關心小市民，真正的造福二千三百萬軍民同胞吧！請別為騙選票而假飾一切。

在和老團長告辭握別時，我內心有著和團長同樣的無助與無奈。十多年來，我們拋頭顱、灑熱血，我們付出了青春歲月，我們為何而戰？為誰而戰？所得到的是什麼？我們所感受的只有失落、更失落。

我再也沒有勇氣找任何人幫忙申請傷殘撫卹了。還有一位老長官楊光副團長聽說住在中和，也是靠著做建築工貼大理石維生。原諒我也無心找他了，但我無法忘懷我們在一九六六年十月十九日共同突擊孟連雙相共軍的突擊隊戰友。十月十八日，我坐計程車專程到圓山忠烈祠，我要去看看我們那次陣亡的戰友牌位，我象徵式地買了一束黃花獻給他們。王團附、譚國民、王興富、藺汝剛，你們安息吧！你們能供在忠烈祠，比老團長孤苦無依的痛苦生活好多了。

行禮後，一股衝動，我跑到資料辦公室，要了他們的入祠資料；那裡的陳中校很熱情地幫我列印，就是找不到王團附的資料，原來遺漏了。我不知道是什麼原因，我更為王立華團附抱不平。當晚回來我只好寫一封簡函給老團長，請他有機會查一查，無論如何也應把王團附的牌位供進忠烈祠，這樣國家才不會虧欠他在天之靈。

十月十九日，台灣的天空仍然陰霾密布，我已無心多停留一天，我失落地仍然撫著一隻為國家炸斷的斷手，我懷著被遺棄與失落的心情，提前趕往桃園機場返緬。

再見吧！我仍深愛的祖國，我的團長，還有忠烈祠的戰友，我衷心默默地祝福您們。

血歷史10　PC0199

新銳文創
INDEPENDENT & UNIQUE

異域英雄

作　　者	尹載福
責任編輯	鄭伊庭
圖文排版	邱瀞誼
封面設計	陳佩蓉

出版策劃	新銳文創
發 行 人	宋政坤
法律顧問	毛國樑　律師
製作發行	秀威資訊科技股份有限公司 114 台北市內湖區瑞光路76巷65號1樓 電話：+886-2-2796-3638　傳真：+886-2-2796-1377 服務信箱：service@showwe.com.tw http://www.showwe.com.tw
郵政劃撥	19563868　戶名：秀威資訊科技股份有限公司
展售門市	國家書店【松江門市】 104 台北市中山區松江路209號1樓 電話：+886-2-2518-0207　傳真：+886-2-2518-0778
網路訂購	秀威網路書店：http://www.bodbooks.com.tw 國家網路書店：http://www.govbooks.com.tw

出版日期	2012年1月　初版
定　　價	250元

國家圖書館出版品預行編目

異域英雄 / 尹載福著. -- 一版. -- 臺北市 : 新銳文創,
2012.01
面； 公分. --（血歷史 ; 10）
BOD版
ISBN 978-986-6094-51-4（平裝）

1. 尹載福 2. 臺灣傳記

783.3886 100024390

讀者回函卡

感謝您購買本書，為提升服務品質，請填妥以下資料，將讀者回函卡直接寄回或傳真本公司，收到您的寶貴意見後，我們會收藏記錄及檢討，謝謝！

如您需要了解本公司最新出版書目、購書優惠或企劃活動，歡迎您上網查詢或下載相關資料：http:// www.showwe.com.tw

您購買的書名：________________________________

出生日期：________年________月________日

學歷：□高中（含）以下　□大專　□研究所（含）以上

職業：□製造業　□金融業　□資訊業　□軍警　□傳播業　□自由業

□服務業　□公務員　□教職　□學生　□家管　□其它_____

購書地點：□網路書店　□實體書店　□書展　□郵購　□贈閱　□其他

您從何得知本書的消息？

□網路書店　□實體書店　□網路搜尋　□電子報　□書訊　□雜誌

□傳播媒體　□親友推薦　□網站推薦　□部落格　□其他__________

您對本書的評價：（請填代號　1.非常滿意　2.滿意　3.尚可　4.再改進）

封面設計____　版面編排____　內容____　文／譯筆____　價格____

讀完書後您覺得：

□很有收穫　□有收穫　□收穫不多　□沒收穫

對我們的建議：________________________________

____

____

____

請貼
郵票

11466
台北市內湖區瑞光路 76 巷 65 號 1 樓
秀威資訊科技股份有限公司 收
BOD 數位出版事業部

(請沿線對折寄回，謝謝！)

姓　　名：＿＿＿＿＿＿＿＿　年齡：＿＿＿＿　性別：□女　□男

郵遞區號：□□□□□

地　　址：＿＿＿＿＿＿＿＿＿＿＿＿＿＿＿＿＿＿＿＿

聯絡電話：(日)＿＿＿＿＿＿＿＿＿＿(夜)＿＿＿＿＿＿＿＿＿＿

E-mail：＿＿＿＿＿＿＿＿＿＿＿＿＿＿＿＿＿＿＿＿